10 Lições sobre
SÓCRATES

Dados Internacionais de Catalogação na Publicação (CIP)
(Câmara Brasileira do Livro, SP, Brasil)

Ghiraldelli Júnior, Paulo
  10 lições sobre Sócrates / Paulo Ghiraldelli
Júnior. – Petrópolis, RJ : Vozes, 2019. –
(Coleção 10 Lições)

  3ª reimpressão, 2022.

  ISBN 978-85-326-6109-8
  1. Filosofia antiga 2. Sócrates I. Título. II. Série.

19-25208   CDD-183.2

Índices para catálogo sistemático:
  1. Filosofia socrática   183.2
  2. Sócrates : Filosofia   183.2

Cibele Maria Dias – Bibliotecária – CRB-8/9427

Paulo Ghiraldelli Júnior

10 Lições sobre
SÓCRATES

Petrópolis

© 2019, Editora Vozes Ltda.
Rua Frei Luís, 100
25689-900 Petrópolis, RJ
www.vozes.com.br
Brasil

Todos os direitos reservados. Nenhuma parte desta obra poderá ser reproduzida ou transmitida por qualquer forma e/ou quaisquer meios (eletrônico ou mecânico, incluindo fotocópia e gravação) ou arquivada em qualquer sistema ou banco de dados sem permissão escrita da editora.

CONSELHO EDITORIAL

Diretor
Gilberto Gonçalves Garcia

Editores
Aline dos Santos Carneiro
Edrian Josué Pasini
Marilac Loraine Oleniki
Welder Lancieri Marchini

Conselheiros
Francisco Morás
Ludovico Garmus
Teobaldo Heidemann
Volney J. Berkenbrock

Secretário executivo
Leonardo A.R.T. dos Santos

Editoração: Elaine Mayworm
Diagramação: Sheilandre Desenv. Gráfico
Revisão gráfica: Nilton Braz da Rocha / Nivaldo S. Menezes
Capa: Editora Vozes
Ilustração de capa: Studio Graph-it

ISBN 978-85-326-6109-8

Este livro foi composto e impresso pela Editora Vozes Ltda.

Para Fran, pelas jornadas eternamente socráticas.

Para meus professores da Universidade de São Paulo, Olgária Matos, Scarlet Marton, Bento Prado Jr., Maria Lúcia Cacciola e Rubens Rodrigues Torres Filho.

Para minha amiga Heloiza Helena Matos e Nobre.

Para os membros do Centro de Estudos em Filosofia Americana (Cefa), pelas jornadas de estudo que, sabe-se lá por qual razão, sempre continuamos!

Sumário

Introdução, 9

Primeira lição – Sócrates e Platão, 13

Segunda lição – O "conhece-te a ti mesmo", 23

Terceira lição – A missão socrática, 30

Quarta lição – A "vida examinada" – I, 41

Quinta lição – A "vida examinada" – II, 48

Sexta lição – Alcibíades, 54

Sétima lição – Acrasia e tragicismo, 63

Oitava lição – O *daimon*: controvérsias historiográficas I, 79

Nona lição – O *daimon*: controvérsias historiográficas II, 85

Décima lição – Maiêutica e *elenkhós*: controvérsias historiográficas, 92

Conclusão, 109

Introdução

Foi Platão o grande inventor do que conhecemos hoje como "filosofia", aquilo que está nos livros filosóficos e que é diferente do que está nos livros de romances, de história, de narrativas geográficas, de medicina etc. Na maior parte de sua obra, as coisas se passaram a partir de seu mestre ou ao redor de seu mestre, Sócrates.

Quem foi Sócrates? Sócrates foi o filósofo que nada escreveu. Ao menos, nada escreveu sobre filosofia e sobre si mesmo. Desse modo, podemos dizer que o Sócrates que conhecemos é, em certa medida, um personagem, ou vários. Os historiadores e helenistas tentam estabelecer o "Sócrates histórico". Por sua vez, os filósofos tendem a se importar menos com essa tarefa, dando atenção para a doutrina de Sócrates presente nos textos dos que escreveram sobre ele, arredondando-a segundo suas conveniências próprias, e em especial tomando a obra monumental de Platão. Sejamos francos: cada grande filósofo tem o *seu* Sócrates.

Informações diretas a respeito de Sócrates (469-399 a.C.) nos chegam de três fontes: a maior parte vem de Platão (427-347 a.C.), por meio de sua obra; em segundo plano estão os escritos do soldado e discípulo Xenofonte (428-354 a.C.), por meio de quatro de seus livros, *Memoráveis*, *O econômico*, *Apologia de Sócrates* e *O banquete*; em terceiro plano estão as informações vindas da peça *As nuvens*, de Aristófanes (447-386 a.C.). Outras duas importantes fontes nos fornecem informações indiretas. É o caso do célebre *Vidas de eminentes filósofos*, de Diógenes Laércio (historiador do século III d.C.), e algumas observações argutas de Aristóteles (384-322 a.C.) que, apesar de não ter convivido com Sócrates, passou vinte anos na Academia de Platão. Não foram só estes que escreveram sobre Sócrates. Sabe-se que uma série de outros, contemporâneos do ateniense, discípulos próximos ou não, escreveram várias obras sobre ele, mas, infelizmente, elas se perderam.

Dessas fontes alinhadas acima, temos as informações a respeito do homem Sócrates que estão na maior parte das infinitas obras que se fez a respeito dele – ele é, sem dúvida, até hoje, o filósofo que mais recebeu menções e textos a seu respeito. Teve como mãe uma parteira, Fenarete, e como pai um escultor, Sofroniscos. Frequentou a escola pública. Aprendeu a profissão do pai. Serviu nas guerras em que Atenas se envolveu, sobressaindo-se como herói. Viveu de modo simples, com o soldo de guerreiro veterano. Casou-se com Xantipa e, segundo algumas fontes, também com outra moça –

não sabemos se esse casamento foi ou não concomitante ao de Xantipa. Pode ter frequentado escolas filosóficas. Filosofou pelas ruas de Atenas de um modo diferente de outros até então chamados de filósofos. Foi acusado por um grupo de jovens de corromper a juventude, desprezar os deuses da cidade e de introduzir novos deuses. Fez sua defesa perante 500 jurados, mas não alcançou o agrado da maioria (faltaram-lhe trinta votos!) e, então, foi condenado à ingestão de chá de cicuta, um veneno poderoso. Ficou preso durante certo tempo, esperando o dia da execução, e efetivamente cumpriu a pena, morrendo diante de amigos e discípulos na prisão. Passou esses últimos momentos como sempre viveu: conversando, falando, perguntando e aconselhando.

Conta-se que Sócrates nunca parava de se interessar em ampliar conhecimentos e habilidades. Era extremamente curioso. Aprendeu a tocar lira em idade avançada. Aconselhava a dança e, enfim, ele mesmo a praticava. Ao final da vida, fez poemas de contos de Esopo, confessando que havia faltado consigo mesmo, pois deveria ter se dedicado mais às artes. Não tinha luxo e era avesso ao consumo do que não necessitava para a vida, aliás, bastante restrita nesse sentido. Há também informações de que colaborou em peças de Eurípedes, de quem teria sido bastante amigo. Pode ter sido discípulo, quando bem jovem, do filósofo Anaxágoras e de outros, inclusive professores de retórica. Também há o boato histórico de que chegou a trabalhar como escultor, talvez em condições forçadas, deixando sua marca nas famosas *Graças do Partenon*, que até hoje se mostram nas ruínas da Acrópole de Atenas.

Sócrates foi descrito por seus conterrâneos como extremamente feio. Tornou-se famoso por isso, em especial por conta de ter sido, paradoxalmente, tão sedutor diante da juventude ateniense, um povo obcecado pela beleza das formas, pela harmonia, por aquilo que passou para a história como ideais apolíneos.

As lições deste livro não devem ser confundidas com capítulos. Elas são, de fato, lições. São textos relativamente autônomos que informam sobre a filosofia de Sócrates; cada uma toma um assunto central do socratismo e, às vezes, como não poderia deixar de ser, do platonismo. Algumas dessas lições tentam marcar diferenças entre Sócrates e Platão, outras se preocupam menos com isso. Entender Sócrates é, antes de tudo, ter em mente as vicissitudes dos eixos pelos quais podemos falar dele, se estritamente baseados em historiadores e helenistas ou estritamente baseados nas construções em história da filosofia feita por filósofos, que às vezes são apenas preâmbulos para que eles exponham as suas próprias doutrinas.

Primeira lição

Sócrates e Platão

No passado, ao menos até o século XIX, Sócrates era tomado pelos filósofos de um modo pouco problemático. Não se falava em "vários Sócrates", tampouco em "um único Sócrates". Eram menores as preocupações a respeito de uma investigação sobre as diferenças entre um "Sócrates histórico" e um Sócrates assumidamente personagem. Do início do século XX para cá, os estudos socráticos tomaram outro rumo. Sofrendo influência do trabalho de helenistas profissionais munidos de métodos da filosofia analítica, próprios do mundo acadêmico contemporâneo, o saber sobre Sócrates tem mudado de aspecto.

Atualmente, há estudos detalhados sobre convergências e divergências entre as fontes[1]. Em geral,

---

1. Sobre esse assunto, cf.: PRIOR, W. O problema socrático. In: BENSON, H. et al. *Platão.* Porto Alegre/São Paulo: Artmed, 2011.
• DORION, L.A. Ascensão e queda do problema socrático. In: MORRISON, D. *Sócrates.* São Paulo: Ideias & Letras, 2016.

os helenistas destacam a distinção entre o escrito de Platão, sempre filosófico, e os escritos de Xenofonte, não raro tomados como destituídos de vinculação filosófica[2]. Esses helenistas também destacam a preocupação de Aristófanes – claramente em função da comédia – de mostrar Sócrates como um inovador cultural idiossincrático, um tanto lunático, uma espécie de sofista capaz de fazer com que a "razão mais fraca" vencesse a "razão mais forte" nas argumentações[3]. Além disso tudo, tornou-se comum analisar a obra de Platão como um trabalho tripartite, contendo ao menos três figuras de Sócrates. Nesse último caso, conta bastante o testemunho de Aristóteles, que insistiu no trabalho de Sócrates como exclusivamente crítico, diferente

---

2. Dorion faz uma lista de 17 pontos de divergências entre o Sócrates de Xenofonte e o Sócrates de Platão. Segundo Dorion, Xenofonte dá destaque para três características de Sócrates: a *enkrateia* (o autogoverno quanto a prazeres corporais); a *karteria* (resistência à dor física) e a *autarkeia* (autossuficiência). Ele também afirma que esses elementos estão na base de toda a doutrina do Sócrates de Xenofonte, e que a *eukrateia* é precondição para se conseguir virtude. Lembra ainda que o Sócrates de Platão, por sua vez e diferentemente do Sócrates de Xenofonte, não mostra a virtude como advinda do autogoverno ou como tendo base neste. Na discussão da *sofrosine*, no *Cármides*, Platão nem menciona a *eukrateia*, aliás, desconsiderando a noção popular de autogoverno como ligada à administração de desejos e prazeres. Cf. DORION, L.A. Xenophon's Socrates. In: AHBEL-RAPPE, S. & KAMTEKAR, R. *A companion to Socrates*. Malden (MA): Blackwell Publishing, 2006.

3. KONSTAN, D. Sócrates e as nuvens de Aristófanes. In: MORRISON, D. *Sócrates*. São Paulo: Ideias & Letras, 2016.

do trabalho de Platão que, enfim, chegou a ter uma teoria positiva, a Metafísica das Formas, que em geral consideramos como a essência do platonismo que ensinamos nas escolas[4].

Todavia, não nos enganemos sobre possíveis facilidades que adviriam se ficássemos somente com o retrato socrático pintado exclusivamente por Platão. Também nesse caso, Sócrates aparece de maneira complexa. Sobre isso, o helenista Gregory Vlastos coloca no início do segundo parágrafo de seu clássico *Socrates – Ironist and moral philosopher*[5] um trecho altamente significativo:

> Eu tenho falado de um "Sócrates" em Platão. Há dois deles. Em segmentos diferentes do *corpus* platônico dois filósofos carregam esse nome. O indivíduo permanece o mesmo. Mas em diferentes conjuntos de diálogos ele propõe filosofias tão diferentes que elas não poderiam ser desenhadas como coabitando o mesmo cérebro ao menos que fosse um cérebro de um esquizofrênico[6].

---

4. Sobre a confiança em Aristóteles como testemunha das diferenças entre Platão e Aristóteles, cf.: VLASTOS, G. The evidence of Aristotle and Xenophon. In: *Socrates*: Ironist and moral philosopher. Nova York: Cornell, 1991, principalmente p. 97.

5. VLASTOS, G. Socrates contra Socrates in Plato. In: *Socrates*: Ironist and moral philosopher. Nova York: Cornell, 1991.

6. Ibid., p. 45-46.

Para não ter de arcar com um Sócrates esquizofrênico, e também para não ceder totalmente à alternativa de que Sócrates seria, na obra de Platão, em todos os aspectos, uma personagem exclusivamente de ficção, Vlastos lembra que é possível, em qualquer época histórica, a existência de um pensador de gabarito com uma obra dupla, com fases bem divergentes entre si[7].

Observando a obra de Platão, geralmente dividida em três fases, não seria um disparate afirmar a existência de um Sócrates histórico capaz de grandes divergências em fases próprias distintas. Vlastos adota um tal caminho heurístico para dizer que não seria errado acreditar que, ao menos no Sócrates dos "diálogos iniciais" ou "diálogos aporéticos" de Platão, há boas informações sobre o Sócrates histórico. E isso poderia ser afirmado, diz ele, mesmo sabendo que Platão, diferente de Xenofonte, não escreveu dizendo ter estado presente nos diálogos apresentados. Ao contrário, os diálogos de Platão são, em geral, apresentados por ele mesmo como histórias vindas a partir de alguém que ouviu algo de outro alguém que esteve presente[8]. Aliás, o contar do contar de outro é uma característica dos escritos platônicos.

---

7. Ibid., p. 81.

8. Ibid., p. 50.

A exposição de Vlastos sobre o assunto reúne dez pontos comparativos entre o Sócrates das obras iniciais de Platão (S_1) e o Sócrates das obras intermediárias (S_2)[9]. Pode-se expor isso como na sequência abaixo[10]:

IA. S_1 é exclusivamente um filósofo moral. Ao menos quanto ao uso do método do *elenkhós* (ele pode falar de outro assunto, como a questão sobre o conhecimento do conhecimento no *Cármides*, mas abandona tal assunto dizendo que não o levará a lugar algum).

IB. S_2 é também um filósofo moral, mas também um filósofo metafísico, epistemológico, da ciência, da linguagem, da religião, da educação e da arte.

IIB. S_2 tem uma grande teoria metafísica das Formas, que "existem separadamente", e uma

---

9. Vlastos divide a obra de Platão em três grupos, sendo o primeiro subdividido em A e B. Grupo 1A, em ordem alfabética: *A defesa de Sócrates*, *Cármides*, *Crito*, *Eutífro*, *Górgias*, *Hípias Menor*, *Íon*, *Laques*, *Protágoras*, *República* (livro I). Grupo 1B, obras intermediárias entre a fase dos diálogos de proeminência do uso do método do *elenkhós* e a fase do Grupo 2, em ordem alfabética: *Eutidemo*, *Hípias Maior*, *Lísis*, *Menexeno* e *Menon*. Grupo 2, em uma possível ordem cronológica: *Crátilo*, *Fédon*, *Banquete*, *República* (livros II ao X), *Fedro*, *Parmênides* e *Teeteto*. Grupo 3, em uma possível ordem cronológica: *Timeu*, *Crítias*, *Sofista*, *Político*, *Filebo* e *Leis*.

10. VLASTOS, G. Socrates contra Socrates. Op. cit., p. 47-49.

teoria da alma que aprende por "relembrança" de partes de um conhecimento pré-natal.

IIA. S$_1$ não tem uma tal teoria.

IIIA. S$_1$ busca o conhecimento por meio de *elenkhós*, e mantém a confissão de que não o possui.

IIIB. S$_2$ busca o conhecimento demonstrativo e mantém a confiança de poder encontrá-lo.

IVB. S$_2$ tem um modelo tripartite de alma, bastante complexo.

IVA. S$_1$ nada sabe desse modelo. Caso tivesse um modelo assim, não poderia assumir sua concepção de virtude moral – a ideia de que ninguém prefere o mal ao bem e que, portanto, se alguém faz o mal, assim age exclusivamente por ignorância – e solaparia sua doutrina da impossibilidade da *akrasia*, a impossibilidade da incontinência ou fraqueza decisória.

VB. S$_2$ tem conhecimento e domínio da matemática de seu tempo.

VA. S$_1$ afirma não ter qualquer interesse em ciências e não dá qualquer evidência de uma especial habilidade nisso.

VIA. S$_1$ tem uma concepção popular de filosofia.

VIB. S$_2$ é elitista.

VIIB. S_2 tem uma teoria política elaborada e uma classificação das formas de governo.

VIIA. S_1 não tem uma tal teoria. Critica a democracia de Atenas, mas diz preferir suas leis que outras, sem grandes explicações.

VIII A e B. Ligações homoeróticas e um destaque para Eros aparecem tanto na filosofia de S_1 quanto na de S_2. Todavia, em S_2 o amor aparece como fundamento metafísico para a Forma da Beleza, em seu caráter transcendente. Uma tal coisa é desconhecida para o S_1.

IXA. A devoção de S_1 consiste em servir a divindade que, enfim, apesar de supernatural, tem um caráter intrinsicamente ético e solicita tal coisa para os homens. Sua religião pessoal é prática, realizada na ação.

IXB. A religião pessoal de S_2 centra-se na comunhão com o divino, ou seja, as Formas impessoais. Há algo de místico aí, alcançado na contemplação.

XA. O método de S_1 é de advertência, persegue a verdade moral por meio da refutação de teses defendidas por interlocutores.

XB. Na sequência do *Menon* e do *Fedro*, S_2 apresenta-se como um filósofo didático, que expõe a verdade a interlocutores que escutam e consentem. Nessa situação há exposição de uma teoria metafísica e, depois, sua crítica no *Parmênides*. No *Teeteto*, S$_2$ apresenta seu método como a maiêutica, o parto das ideias.

A obra de Platão[11] é atualmente ensinada, na maior parte das universidades do Ocidente, como contendo inicialmente os chamados diálogos aporéticos, nos quais Sócrates usa do *elenkhós*, o método da refutação, e sempre termina a conversa sem encontrar qualquer resposta para suas questões de tipo "o que é F?" Este, então, seria o dito "Sócrates histórico" ou, melhor dizendo, o Sócrates histórico de Platão. Na parte intermediária da obra, o Sócrates histórico tenderia a ser substituído por um Sócrates completamente platonizado, dono de uma teoria positiva, uma Metafísica das Formas ou Teoria das Formas ou Teoria do Mundo das Ideias.

---

11. Os "primeiros diálogos", em ordem alfabética: *Cármides, Crito, Eutidemo, Eutífro, Górgias, Hípias Maior, Hípias Menor, Íon, Laques, Lísis, Menexeno, Protágoras, República I*. Também é dessa fase *A defesa de Sócrates*, a única que não é na forma de diálogo. Diálogos do "período intermediário", o *Meno* marca a transição; em seguida, estão (em provável ordem cronológica) *Crátilo, Fédon, Banquete, República II – X, Fedro, Parmênides* e *Teeteto*. Os "últimos diálogos" (em provável ordem cronológica): *Timeu, Crítias, Sofista, Político, Filebo*. Platão é autor, também, de uma obra tardia, *As leis*, que não é em forma de diálogo, sendo o seu único livro no qual o personagem Sócrates não aparece. Por fim, há as célebres *Cartas*. Dentre elas, os estudiosos tendem a considerar como sendo do próprio Platão a chamada "Carta VII", na qual há uma exposição bastante interessante do núcleo da Teoria das Formas.

A parte final da obra de Platão apresentaria um Sócrates sem grande importância, um filósofo jovem, em geral incapaz de fazer frente às questões colocadas por outros quanto às dificuldades da Teoria das Formas. Essa última parte, com a caracterização de um terceiro Sócrates, não é algo diretamente retirado de Vlastos, mas inspirado nele.

Gregory Vlastos[12] desenvolveu uma teoria sobre a vida de Sócrates que deu margem para o filósofo Donald Davidson unificar esses pontos discrepantes nas fases da obra de Platão. Ele assim o fez segundo uma interessante narrativa na qual o personagem Sócrates se mostra como uma coerente construção platônica. Para Davidson, Sócrates foi "o filósofo de Platão"[13]. Segundo este aparar de arestas davidsoniano, Platão teria apresentado *o seu* filósofo, Sócrates, em três etapas. Na primeira,

---

12. VLASTOS, G. *Socrates*: Ironist and moral philosopher. Nova York: Cornell, 1991. • VLASTOS, G. *Socratic studies.* Cambridgde: Cambridge University Press, 1994. Dorion prefere interpretar as teses de Vlastos a respeito das diferenças entre os vários Sócrates apresentados por Platão como um problema na obra desse helenista. Cf. DORION, L.A. Ascensão e queda do problema socrático. In: MORRISON, D. *Sócrates*. São Paulo: Ideias & Letras, 2016. Da minha parte, prefiro a reconstrução da tese de Vlastos por Donald Davidson, feita em: DAVIDSON, D. Plato's Philosopher. In: *Truth, language, and history*. Nova York: Oxford/Clarendon Press, 2005.

13. DAVIDSON, D. Plato's Philosopher. In: *Truth, language, and history*. Nova York: Oxford/Clarendon Press, 2005.

expõe um Sócrates não metafísico, talvez muito semelhante ao que teria de fato sido o Sócrates histórico, e que impressionou Platão na juventude. Seria o Sócrates com o qual Platão conviveu durante oito anos. A segunda e a terceira fases, respectivamente, mostram um Sócrates reeducado platonicamente, adepto da Metafísica das Formas, e um Sócrates jovem, incapaz de defender a Teoria das Formas das objeções possíveis. Assim, a fase dois mostraria o personagem Sócrates como um porta-voz do platonismo enquanto Platão acreditou na Teoria das Formas. Nessa fase, o Sócrates reeducado platonicamente conseguiria, por meio da criação do Mundo das Ideias ou Formas, dar respostas à pergunta "O que é F?" Com isso, o personagem Sócrates não poderia ser confundido popularmente com os sofistas ou com os céticos.

Essa visão davidsoniana, de um Platão que termina *quase* não platonista, está longe de ser consenso entre filósofos e helenistas, mas ela tem lá seu mérito se lembrarmos que, após a morte de Platão, a Academia se tornou um lugar de cultivo do ceticismo, e que assim o fez invocando Sócrates. Essa narrativa de um Platão que, no final da vida, titubeia em invocar o que depois virou o platonismo pode nos ensinar muito sobre o que é ser de fato um filósofo.

# Segunda lição

O "conhece-te a ti mesmo"

Dois filósofos da Antiguidade assumiram o "conhece-te a ti mesmo" como um enunciado fundamental para a filosofia: Heráclito e Sócrates. Para ambos, não se tratava de um simples lema, mas de uma frase sagrada. Eles sabiam perfeitamente onde estava inscrita. Era uma das frases do Templo de Apolo, no Santuário de Delfos.

O culto a Apolo teve início por volta do século VIII, enquanto que Heráclito viveu no século VI e Sócrates viveu no século IV a.C. Mas, a forma pela qual o Oráculo se manifestou para Querofonte – o amigo de Sócrates que consultou a pitonisa sobre quem era o homem mais sábio de Atenas – é bem possível que tenha sido a mesma desde os primórdios do culto. A força e o prestígio do Oráculo de Delfos, ao menos até Sócrates e um pouco depois de sua morte, não eram desprezíveis. Só no século seguinte à morte de Sócrates é que o local foi perdendo paulatinamente seu caráter sagrado. Com a anexação da Grécia ao Império Romano, então veio de fato a decadência. No entanto, só foi oficialmente fechado com o imperador cristão Teodósio, em 390 d.C. Funcionou como local sagrado durante mais ou menos mil anos! Durante esse período as sacerdotisas do local fizeram o mesmo ritual? Não sabemos. Mas podemos imaginar que, quando Querofonte visitou o lugar, muito provavelmente a pitonisa o recebeu segundo uma praxe: sentada em um pequeno tripé fixado sobre a cavidade das rochas que exalavam os gases, então tomados como fumaças que saíam do cadáver do deus cobra-dragão Píton. Ele, Píton, teria ficado enterrado ali, após sua derrota diante de Apolo.

A religião grega não dependia de sacerdotes vivendo nas cidades, residindo em igrejas e atrelados ao poder político como em um estado teocrático ou como um poder que, mesmo longe do governo, poderia mandar punir os ímpios, isto é, os não devotos. Nada disso. Os sacerdotes, ou melhor, os oráculos raramente eram comandados por homens. Os sacerdotes não eram, na maioria, sacerdotes, mas sacerdotisas. Ficavam em santuários, onde funcionavam como oráculos. Não saíam de lá nem davam ordens. Apenas produziam "adivinhas" ou enigmas, quando consultadas. Assim, zelar pela devoção ou religiosidade dos gregos, em cada cidade, dependia dos próprios cidadãos. Quando tinham dúvidas sobre decisões importantes, então, os cidadãos e principalmente os governantes viajavam até os santuários para consultar os oráculos.

No Santuário de Delfos, sem dúvida o mais famoso, o Templo de Apolo guardava inscrições de caráter divino, em geral atribuídas aos chamados "Sete Sábios da Grécia"[14], eles próprios descendentes dos deuses. Essas inscrições dariam o "espírito da moralidade" a ser seguido pelos gregos: "conhece-te a ti mesmo", "nada em excesso", "observa os limites", "curva-te ante o divino", "teme a autoridade" e "glória não é força". Esses preceitos, vistos por nós hoje em concomitância com várias outras mensagens do deus pela boca da pitonisa, podem ser interpretados como que mostrando qual o pecado condenado pelo deus do templo em Delfos. Este pecado nada mais seria que o da *hybris*, isto é, o excesso de confiança, a arrogância.

---

14. Os sete sábios são uma referência em que mito e história se confundem. Uma das listas dos nomes pode ser a seguinte: Tales, Periandro, Pítaco, Bias, Cleóbulo, Sólon e Quílon. Diógenes Laércio conta versões das lendas sobre esses homens, e como eles foram agrupados sob a rubrica de "sete sábios". Uma dessas narrativas conta que, certo dia, pescadores de Mileto encontraram uma trípode de ouro. Perguntaram o que fazer com o achado para o Oráculo de Delfos, que os aconselhou a entregar ao mais sábio dos homens. Eles a deram a Tales, que declinou da honra afirmando que havia outros bem mais sábios. A trípode passou então por todos os homens da lista, mas todos tiveram a mesma atitude. Sólon, o sétimo a recebê-la, ofereceu a trípode a Apolo, dizendo que o deus era o mais sábio.

Na cultura grega, determinados elementos centrais como a honra na guerra, a dedicação na competição atlética e a habilidade da retórica na política poderiam mesmo levar um povo à soberba e à arrogância. Os "sete sábios" foram efetivamente sábios ao recomendar como preceitos divinos aquelas inscrições no Templo de Apolo. Para um povo como o grego, cuja religião jamais foi unificada ou organizada por uma igreja, muito menos teve um texto sagrado, as inscrições do templo poderiam ser vistas como a bala única na agulha da arma daqueles legisladores. Eles realmente acertaram se perceberam a *hybris* (o orgulho) como o possível pecado maior que poderia corroer os gregos.

O filósofo estoico Epicteto, que viveu entre o primeiro e o segundo séculos de nossa era e se entendia como um socrático, notou bem que as pessoas liam o "conhece-te a ti mesmo" e não atinavam para a sua profundidade[15]. Sócrates também falou sobre isso. Em conversa com Eutidemo, relatada por Xenofonte, ele pergunta ao jovem se este esteve em Delfos e leu nas paredes do templo a inscrição "conhece-te a ti mesmo". Eutidemo diz que esteve lá duas vezes. Sócrates pergunta então se leu a inscrição e refletiu sobre ela ou se simplesmente

---

15. EPICTETO. Discourses. III, 1. In: *Lucretius, Epictetus, M. Aurelius*. Londres: Britannica Great Books, 1952, p. 176.

leu sem lhe dar a devida atenção, presumindo já que a verdade era a segunda opção. Contrapondo-se a esses descuidos, tanto Heráclito quanto Sócrates agarraram o "conhece-te a ti mesmo" e a própria atividade oracular como elementos decisivos para o que entendiam como filosofia.

Heráclito escreveu inspirado no estilo oracular. Fez seu livro como um conjunto de enunciados aforismáticos que necessariamente deveriam ser interpretados. Um dos seus aforismos dava a chave sobre o seu estilo, lembrando que o oráculo falava enigmaticamente e deveria necessariamente ser interpretado com cuidado. Ele diz: "O senhor cujo oráculo está em Delfos não declara e nem oculta, mas dá sinal" (frag. XXXIII)[16]. Como fez Sócrates depois dele, Heráclito não diz o nome de Apolo, mas aponta o oráculo como legítima voz divina. Mas qual a razão da voz divina emitir sinais e enigmas? Alguns helenistas apontam para a ideia heraclitiana de provocar a reflexão. As coisas do mundo possuem um *logos*, mas para que este possa ser ouvido é necessário confundir os homens e, então, desentorpecê-los, só assim se dedicarão à reflexão necessária à interpretação, podendo então compreender a complexidade do mundo. Também

---

16. Utilizou-se aqui a disposição de Charles Kahn: KAHN, C. *A arte e o pensamento de Heráclito*. São Paulo: Paulus, 2009, p. 71.

a filosofia deveria agir assim, ela própria um discurso do *logos*[17].

Sócrates seguiu essa tradição ao ouvir o recado do Oráculo de Delfos. Essa história ele conta em meio à sua defesa, no texto de Platão, no julgamento em que, enfim, foi condenado à morte. É uma narrativa que merece ser retomada (na próxima lição), para efeito do bom entendimento de sua relação com o "conhece-te a ti mesmo".

O filósofo e político romano Cícero, que viveu na transição entre o mundo antigo e nossa era, propagou a imagem de Sócrates como o primeiro a fazer a filosofia descer dos céus e vir a se ocupar dos homens, da cidade[18], das possibilidades da *boa vida* na cidade. Talvez pela popularidade dos escritos de Cícero[19] essa imagem extrapolou os muros da filosofia, mas ela já estava presente em alguns textos de Platão, os textos que descrevem o que teria sido o "Sócrates histórico", e também Aristóteles a reiterou.

---

17. Ibid., p. 168.

18. Poderíamos falar do "Estado" ou "sociedade", mas utilizamos cidade como unidade política, uma vez que assim era o caso da vida grega e, principalmente, o caso de Sócrates, que sempre filosofou em Atenas, bastante circunscrito aos problemas do homem de Atenas.

19. Cícero citou Antiochus (130 a.C.) a respeito dessa frase.

Os temas da conversação de Sócrates eram todos eles comuns aos cidadãos atenienses, cultos ou não. Coragem, temperança, justiça, respeito religioso, amizade, amor, sexo, dever cívico, retórica, morte, alma, ensino e vários outros assuntos apareciam nas conversas de Sócrates. Alguns desses temas serviram de pontes para outros temas e não foram investigados rigorosamente. No entanto, certos assuntos foram objeto da investigação socrática de modo rigorosamente filosófico. Platão foi quem colocou suas fichas em um Sócrates que, ao perguntar sobre determinados elementos, queria encontrar como resposta a "natureza própria" de cada item perguntado. Mas o rigor não fazia Sócrates iniciar seus diálogos por um caminho tortuoso. Em todos eles, qualquer leitor mais ou menos escolarizado podia seguir o fio da meada e, de certo modo, alcançar um entendimento razoável.

Terceira lição

A missão socrática

O modo como Platão nos informou sobre a vida de Sócrates jamais permitiu que a história de seu mestre viesse a se iniciar pelo começo. Pois o texto que é visto como o mais histórico de todos a respeito de Sócrates é o *A defesa de Sócrates*, e nele o herói da filosofia ocidental já aparece próximo dos setenta anos, diante dos quinhentos jurados que, enfim, o condenaram à morte por meio da ingestão de veneno[20]. A história de Sócrates, portanto, começa pelo fim. Todavia, isso não quer dizer que não podemos saber sobre o início do filosofar socrático, ou melhor, o início socrático do seu filosofar. No

---

20. Um material pertinente sobre o assunto está em: BRICKHOUSE, T. & SMITH, D. *The trial and execution of Socrates*. Sources and controversies. Nova York: Oxford University Press, 2002. Há os trechos dos textos clássicos que se referem ao julgamento e à morte, e na parte dois do livro há estudos de *scholars* socráticos: Burnyeat, Parker, McPherran, Kraut, além dos próprios organizadores.

tribunal, ele contou o que o levou a ser o filósofo perturbador, a "mosca de Atenas"[21].

Sócrates se apresentou ao tribunal por causa de três acusações feitas por três atenienses, em especial por um jovem chamado Meletus. Rejeitando nomear um advogado, que trataria a defesa de modo retórico, segundo o costume da época, Sócrates resolveu fazer ele mesmo sua defesa. Sua intenção era clara: falaria a verdade sobre si mesmo, ou seja, não cederia aos encantos sofísticos – que ele tanto combateu – de se proteger por meio do instrumento retórico, mesmo que isso lhe custasse a vida. Foi assim que enfrentou seus acusadores. Segundo estes, ele deveria ser punido por corromper a juventude, por não acreditar nos deuses nos quais a cidade acreditava e, por fim, por acreditar em outros deuses, novos deuses. Para defender-se dessas acusações, Sócrates, como não poderia deixar de ser, teve de contar um pouco de sua vida aos jurados. Contou da sua relação com as divindades e destas com a filosofia que praticava. E assim fazendo, ele chegou ao episódio da viagem de Querofonte ao Santuário de Delfos.

---

21. Neste capítulo uso dois livros para os "diálogos socráticos": a coletânea de diálogos platônicos de Trevor Saunders e, especialmente para as referências à *Defesa de Sócrates* e os textos afins (*Eutífro*, *Créton*, *Menon* e *Fédon*), o volume que contém as traduções do grego para o inglês de GRUBE, G.M.A. *Plato* – Five dialogues. Nova York: Hackett Publishing Company, 2002.

Talvez a nossa vida atual fosse razoavelmente diferente se Querofonte não tivesse existido ou não tivesse sido quem ele foi. Democrata, militar e impetuoso, ele foi amigo de infância de Sócrates e lutou ao lado do filósofo na batalha de Potideia[22]. Seu gosto pela aventura e pelas tomadas de decisão ousadas certamente o ajudou a desempenhar seu papel nessa história – a história de Sócrates. Ele foi o homem que viajou de Atenas a Delfos para consultar o Oráculo do Templo de Apolo. Para lá, levou em mente uma pergunta especial – uma curiosidade sobre Sócrates. Ele queria saber do deus, pela boca da pitonisa, se havia alguém mais sábio que Sócrates em Atenas.

Querofonte já havia falecido na época do julgamento, e Sócrates sugeriu aos jurados que, se quisessem um testemunho para aquele relato, poderiam consultar o irmão de Querofonte, que sabia do ocorrido e poderia confirmá-lo. O próprio Sócrates, portanto, colocou a aventura de Querofonte em Delfos como um ponto importante para a história de seu filosofar e, assim, para o modo como nós, os

---

22. Potideia era uma localidade dominada pelos atenienses. Quando quis se revoltar contra tal domínio, com ajuda de Corinto, ocorreu o cerco da cidade e a batalha na qual Sócrates participou (432). Foi exatamente nessa guerra que Sócrates salvou a vida de um de seus discípulos, que depois se tornou general e esteve envolvido em inúmeras tramas políticas e militares vividas entre atenienses e espartanos.

ocidentais, pegamos o fio do que seria um dos mais importantes eixos de nossa tradição cultural.

Na época da viagem de Querofonte, era necessária certa determinação para aquele tipo de feito. Não só pelas condições da viagem, mas também pela situação do Santuário de Delfos. A cada época de guerra, o local era ou eleito para ser conquistado ou escolhido para ser saqueado. Por isso mesmo, é provável que a viagem tenha sido feita por volta do ano de 430 a.C., após o fim do cerco de Potideia – uma relativa época de paz.

Querofonte trouxe daquele local a diretriz que mudou a história da filosofia e, de certo modo, a vida de Sócrates, é claro.

A resposta da pitonisa à pergunta de Querofonte foi um "não". Não haveria ninguém mais sábio que Sócrates entre os atenienses. Mas, como foi essa resposta? Verbal? Por escrito? E até que ponto o Oráculo dizia algo que poderia ser levado a sério? Todas essas questões são controversas. Os oráculos costumavam utilizar duas formas de resposta, com preços diferentes. Uma resposta detalhada e escrita era mais dispendiosa e, enfim, também implicava a oferta de sacrifícios de carneiros e cabritos. Uma resposta seca e barata era a do "método dos dois feijões"; tirava-se, na base da sorte, um feijão que era o "sim" ou um outro que era o "não". Como a resposta foi um simples "não" e dada a Querofonte, que certamente não era um homem rico, é bem provável que tenha sido pelo segundo método que o destino de Sócrates, e de certo modo o nosso, ficou traçado. Mas o valor de uma resposta dada pela pitonisa não mudava muito por causa do método. Em ambos os casos, não era uma resposta direta ou uma profecia, ao menos não no sentido judaico-cristão.

A resposta, simples ou complexa, era um enigma[23]. Tinha de ser interpretada. E a forma de interpretação variava, evidentemente, segundo a formação intelectual e moral de cada destinatário. Aliás, a história registra algumas circunstâncias onde interpretações concorrentes a respeito de uma mensagem de um oráculo desempenharam papéis decisivos. Cursos de batalhas e caminhos governamentais foram alterados radicalmente quando os que receberam as mensagens resolveram optar por outra interpretação que não aquela que parecia a melhor à primeira vista. A interpretação era tudo. Então, se o intérprete fosse alguém inteligente, inclusive com alguma experiência filosófica, a interpretação era tudo e mais um pouco. Por isso mesmo a questão das opções de Sócrates, ainda hoje, está centrada

---

23. Não um enigma no sentido de algo que se tem de descobrir, mas um tipo de charada que se tem de entender e "pegar o caminho" certo para dar uma resposta satisfatória ao entendimento.

exatamente a respeito do que ele fez quando soube da resposta trazida por Querofonte.

Sócrates estava diante dos quinhentos jurados, no julgamento que custou sua vida, quando contou o episódio da viagem de Querofonte ao Santuário de Delfos. Também ali, naquele momento, expôs sua reação à resposta da pitonisa. Querofonte havia trazido de Delfos a mensagem de que não havia ninguém mais sábio do que Sócrates em Atenas. Sócrates, por sua vez, disse considerar-se nem mais nem menos sábio do que qualquer outro homem. Então, o que teria de fazer, segundo ele mesmo, era descobrir o significado do "enigma" contido na resposta do Oráculo de Delfos. O que teria querido dizer o deus do templo para ele? Qual a mensagem efetiva que ele deveria captar? Assumindo que o deus jamais mentiria – e isso já era algo bastante diferente do que os outros gregos pensavam dos deuses –, Sócrates passou então a imaginar um meio de entender a mensagem. Resolveu investigar os homens de Atenas e, se viesse a encontrar um mais sábio do que ele, poderia formular uma primeira contestação ao deus e, assim, ter uma pista para a compreensão correta da resposta do Oráculo. Isto é, Sócrates tentou usar da refutação (*elenkhós*). Caso conseguisse refutar o Oráculo, teria ao menos um novo ponto de apoio para procurar nova interpretação (e assim por diante).

Sócrates colocou sua vida nessa tarefa de investigar outros e, com isso, também saber de si mesmo – a isso ele chamou de "filosofar". Percebeu que os homens de Atenas, fossem quais fossem suas posições na hierarquia social, poderiam parecer mais sábios do que ele só à primeira vista. Não respondiam corretamente às suas perguntas – não davam definições suficientemente abrangentes para as perguntas que fazia: O que é a devoção? O que é a virtude? O que é a coragem? E assim por diante. Ainda que ele também não as respondesse, Sócrates tinha claro para si mesmo que não tinha a resposta correta, enquanto que seus interlocutores pareciam não perceber suas próprias incapacidades. Ele se viu, então, ao menos inicialmente, como confirmando a resposta do Oráculo de Delfos.

Paulatinamente, Sócrates percebeu que mesmo os cidadãos atenienses tidos como os mais sábios não lhe davam respostas que ele não pudesse refutar. Mas, como ele não tinha respostas positivas para oferecer contra as de seus interlocutores – ao menos não quanto à pergunta que requisitava uma definição correta –, sua conjectura final lhe parecia não poder ser outra senão a seguinte: o deus situado em Delfos o havia escolhido apenas para que toda a cidade percebesse que o saber humano não vale o que os seus usuários imaginam. É como se o deus dissesse: Vejam que aquele que é o mais sábio entre vocês todos tem uma sabedoria sem o grande valor que é o da sabedoria verdadeira (essa seria a sabedoria de quem teria respostas para suas perguntas, em forma de definições válidas para todos os casos, um saber que, não raro, os filósofos chamavam de "divino").

Desse modo, a partir de um determinado momento, Sócrates assumiu que sua tarefa já não era só investigativa, mas efetivamente de alguém que estaria tal como um assistente do deus, a fim de mostrar a cada transeunte de Atenas que ele não deveria se ver como sábio. Sendo assim, a conclusão que ele chegou a respeito da resposta da pitonisa foi a de que ele havia sido escolhido para uma missão. Qual? Aquela de tornar o cidadão ateniense alguém que tivesse a vida examinada. De fato, ali diante dos jurados, Sócrates também afirmou que ele acreditava que "uma vida não examinada não valeria a pena ter sido vivida", mas que achava difícil que alguém acreditasse nisso.

Examinar as vidas – a sua própria e a de seus conterrâneos – foi uma tarefa que Sócrates assumiu como uma missão. Ele estava convicto de que o recado do "deus do Templo" para Querofonte era uma maneira de selar seu destino e ao mesmo tempo intervir em Atenas. Interpretar a resposta oracular do modo como ele a interpretou, o que o fez partir para o exame de outros enquanto um exame de si mesmo no afã de contestar o Oráculo, ao fim e ao cabo nada seria senão uma maneira de presentear a cidade. Isto é, a divindade de Delfos o queria como a "mosca de Atenas" que deveria suprir uma necessidade da cidade que somente os deuses poderiam antever.

Sócrates via a cidade de Atenas como um cavalo forte, grande e de boa raça, mas até mesmo esse tipo de cavalo, para não cair em modorra, precisaria de uma pequena mosca, a única coisa capaz de tirá-lo do torpor. No seu julgamento, Sócrates deixou isso claro para os que o condenaram. Afirmou que eles estavam cometendo uma falta não para com ele, Sócrates, mas para com a cidade. Sócrates se via como uma dádiva do "deus do Templo" para Atenas. Não por ser um mestre e, sim, exatamente por não ser capaz de ensinar e, então, ter de agir como a mosca irritante. Sem ele nas ruas, inquerindo de maneira a pôr na ordem do dia o "conhece-te a ti mesmo", Atenas cairia entorpecida pelos seus feitos e glórias. A prosperidade da cidade manteria cada cidadão imaginando-se senhor de si de modo ilegítimo, uma vez que incapaz de se pôr à prova, incapaz do autoexame. De certo modo, assim se comportando, cada cidadão poderia ficar aquém do *ethos* requerido pelo bom funcionamento da comunidade ou, em outras palavras, Atenas caminharia sem ética.

Uma vez que cada cidadão de Atenas teria de ser examinado, Sócrates estaria exercendo o seu filosofar exatamente na medida em que este nada era senão o exercício do diálogo socrático, que se consubstanciava no "método da refutação", o *elenkhós*. Esse método, ainda que Sócrates em alguns momentos pudesse sugerir ao interlocutor que também o utilizasse, não era uma lição socrática. Antes de tudo era efetivamente um modo de pesquisar conjuntamente um tema, uma tese, uma noção. Sócrates estava convicto da ideia que, depois, recebeu o nome de "intelectualismo socrático", que nada mais era que a identidade de virtude e conhecimento.

Conhecimento é virtude – assim entendia Sócrates. Não haveria como ser corajoso se não se soubesse o que é a coragem. Pois como se saberia que o ato realizado foi de coragem se não se pudesse dizer a natureza da coragem? Não se poderia ser justo se não se soubesse o que é a justiça. Como se saberia que um ato realizado foi justo ou se uma sentença proferida foi justa se não se soubesse a natureza da justiça? Qualificar atos e palavras de alguém implicaria, sempre, para Sócrates, poder sacar de algum lugar o que, depois, veio a ser o conceito. Assim, o exame através do *elenkhós* era a picada da mosca no grande cavalo. Aquele que efetivamente sentisse a picada sairia do torpor de se achar preenchido de qualidades e, então, tenderia a refletir mais sobre o quanto estava na ignorância a respeito de si mesmo, a respeito dos adjetivos com os quais até então havia se adornado.

Quarta lição
A "vida examinada" – I

A partir de sua própria necessidade de interpretar o recado do Oráculo, Sócrates assumiu que a filosofia tinha a tarefa de examinar vidas, de conseguir levar adiante o "conhece-te a ti mesmo". Como ele desempenhou essa tarefa, quanto ao retrato que quis desenhar a respeito dele próprio?

Há três episódios da vida de Sócrates que não podem jamais ser desconsiderados, quando examinamos a tarefa do autoexame socrático.

Primeiro, seu encontro com o mago persa Zopyro, visitante de Atenas[24]. Segundo, sua pergunta sobre si mesmo, se ele seria um monstro ou um ser dócil, junto a Fedro[25]. Terceiro, sua caracterização

---

24. DÖRING, K. The students of Socrates. In: MORRISON, D. (org.). *The Cambridge Companhion to Socrates*. Cambridge: Cambridge University Press, 2011, p. 34.

25. PLATO. Phaedrus. In: COOPER, J. & HUTCHINSON, D.S. *Plato* – Complete works. Cambridge: Hackett Publishing Company, 1997, p. 510, § 230.

como um sátiro, feita por Alcibíades no célebre banquete em homenagem a Agatão[26]. Nesses três episódios tudo se encaminha para um único resultado, aparentemente banal para nós modernos, filhos do cristianismo, mas completamente novo e altamente revolucionário para os gregos do período clássico: é a alma e não o corpo aquilo para o qual devemos dar atenção – o homem é sua alma, e não um composto de alma e corpo[27]. "Conhece-te a ti mesmo" é antes de tudo um lema para encontrar a alma. Tudo isso tem de ser explicado, e em especial a noção de alma, de modo a tomarmos qualquer anacronismo em nosso benefício, e não como pedra de tropeço.

No que segue, abordamos os dois primeiros nesta lição, deixando para a seguinte o terceiro episódio.

Primeiro episódio. Nietzsche faz alusão ao episódio de Zopyros em Atenas. Conta ele que, ao ver Sócrates, Zopyros não se conteve, deixando escapar a expressão "monstro *in face*"[28]. Muito provavelmente Nietzsche teve como referência Cícero,

---

26. PLATO. Symposium. In: COOPER, J. & HUTCHINSON, D.S. *Plato...* Op. cit., p. 497, § 215b.

27. PLATO. Alcibíades I. In: COOPER, J. & HUTCHINSON, D.S. *Plato...* Op. cit., p. 589, § 130c.

28. NIETZSCHE, F. *Crepúsculo dos ídolos*. São Paulo: Cia. das Letras, 2006, p. 19, II. 3.

um dos principais responsáveis por essa história ter se preservado. Zopyros não era apenas um mago, era também um "fisionomista", algo bem próximo daquilo que muito tempo depois, no século XIX e início do XX, ficou conhecido como a arte de peritos da polícia, os quais, baseados em doutrinas antropológicas então recém-criadas, teciam diagnósticos sobre a personalidade e as potencialidades morais de indivíduos a partir das feições e, enfim, de seus "biotipos". Em Sócrates ele viu uma residência de estupidez, intemperança e lascívia[29]. Os que acompanharam a avaliação, ocorrida como sempre na rua, puseram-se a rir. Alcibíades, ali presente, zangou-se e zombou do sábio persa, revelando que a avaliação correta era exatamente a oposta, em se tratando de Sócrates, o grande filósofo de Atenas. Foi aí que Sócrates admoestou o seu jovem protegido, afirmando que Zopyros não havia errado em nada. O persa fez um olhar de satisfação para, rapidamente em seguida, ficar preocupado e indagador. Sócrates nem o deixou perguntar e revelou seu segredo. Contou que efetivamente era mesmo tudo aquilo de ruim, mas que havia diagnosticado isso nele próprio e, por virtude desse *insight* e por disciplina, conseguiu superar todos os elementos

---

29. DÖRING, K. The students of Socrates. Op. cit.

nocivos[30]. O que Sócrates fez não foi outra coisa que contar, ali mesmo, o quanto ele próprio, em tudo, nada era senão algo autofabricado pela sua filosofia ou, pode-se dizer, pela filosofia *tout court*.

É claro que, em uma interpretação que favorece o platonismo, podemos simplesmente dizer que o episódio é mais uma amostra da dualidade essência e aparência, no qual a realidade e a verdade cairiam para o primeiro polo. Em uma interpretação mais ampla, capaz de contemplar mais elementos socráticos e não só platônicos, inexiste razão de não se ver aí uma clara alusão ao quanto o "conhece-te a ti mesmo" se faz em um sentido que aponta para o centro do "cuidado de si" ou do "autoaprimoramento", tão discutido no *Alcibíades I* e tornado popular em nossos dias por meio das lições de Foucault sobre subjetivação[31]. Aliás, diga-se de passagem, Sócrates afirmou em sua defesa que nada ensinava, que não era professor – e foi sincero nisso, verdadeiro. Mas nunca disse que não se poderia aprender nada com ele. Nunca disse que não se aprenderia nada ao levar a sério "uma vida não examinada não vale ser vivida".

---

30. Ibid.

31. FOUCAULT, M. *A hermenêutica do sujeito*. São Paulo: Martins Fontes, 2006. Sobre as interpretações do *Alcibíades I*, cf. GHIRALDELLI JR., P. *Sócrates*: pensador e educador. São Paulo: Cortez, 2015.

Segundo episódio. No *Fedro*, Sócrates rejeita a investigação sobre a veracidade dos mitos dizendo que não disporia de tempo para tal tarefa, uma vez que gastava todo o seu tempo investigando sobre ele próprio. Ele diz que ainda não havia conseguido cumprir o preceito délfico, o "conhece-te a ti mesmo", de modo que, não sabendo nem mesmo o que era seu, se achava completamente despreparado para se aventurar na pesquisa do que lhe era alheio. Nessa passagem, Sócrates deixa claro que sua pesquisa na linha délfica é em busca do que chamaríamos da sua natureza. Não necessariamente a natureza humana, mas antes a natureza dele próprio, ainda que, com isso – como aparece no *Alcibíades I* –, fosse possível também saber mais sobre a natureza humana. Sua questão é posta, propositalmente, em alusão a uma forma mítica. Ele conta querer saber se ele é como Tífon, o dragão de muitas cabeças que foi o último obstáculo de Zeus na criação do reino dos deuses, ou se ele é uma criatura simples que "compartilha alguma coisa de divino com uma porção não tifônica"[32].

Nesse caso, o autoexame socrático é um pouco distinto do que se mostra no episódio com Zopyros. Com o persa, Sócrates diz sobre o quanto

---

32. ROWE, C. Self-examination. In: MORRISON, D. (org.). *The Cambridge Companion to Socrates*. Op. cit., p. 201-202.

conseguiu vencer, pela filosofia, suas tendências menos elogiáveis. Então, no referente à conversa com o mago persa, tudo se encaminharia para a ideia de *sofrosine* – a temperança enquanto sabedoria –, o que se poderia obter pelo autoaperfeiçoamento. Mas, no *Fedro*, a questão colocada retoma algo que é da ordem da própria natureza socrática: Haveria algo racional em Sócrates que o assemelharia, como homem, aos deuses, sem que houvesse também algo que o assemelharia ao monstruoso? Ou a natureza de Sócrates, e talvez de todos os homens, não escaparia de mostrar um quadro mais composto, mais complexo?

Em *A república*, a alma aparece em três partes: uma parte do intelecto racional, outra do espírito e, enfim, uma parte claramente bestial, dos apetites. No *Fedro*, a imagem que Platão cria é outra, a célebre passagem da alma como sendo a biga, que tem uma parte de comando racional no condutor, sendo a parte espirituosa dada pelo cavalo branco e a parte impetuosa e bestial dada pelo cavalo preto. Nesse quadro do *Fedro*, a alma humana é de uma natureza complexa, contendo elementos racionais e não racionais, e isso de um modo constituinte, estrutural. Mas, levando a sério a questão socrática do início do *Fedro*, a pergunta é se ele, Sócrates, ao fim e ao cabo se identifica com a parte dos aspectos racionais ou com a parte dos aspectos bestiais. Na discussão do *Fedro*, de *A república* e de outros,

Sócrates termina por indicar que a parte irracional não é essencial à alma, mas somente sua parte racional. Assim, ao se perguntar sobre Sócrates ou sobre o homem ou sobre a alma (perguntas quase equivalentes, em vários casos), para saber de sua natureza, deve-se fazer no sentido de quem faz perguntas socráticas do tipo "O que é F?", em que F deverá trazer o essencial, *o puro*, não os exemplos ou situações. Aqui, como em outras passagens, Sócrates não está fazendo autoinvestigação para saber de si em um sentido moderno, quando dizemos que pela nossa história ou nossas disposições vamos nos transformar naquilo que somos, como destino individual – onde importam cada vez mais aspectos pessoais, até idiossincráticos –, como resultado de luta entre nossa formação cultural e nossa natureza instintual. Nada disso. A investigação de Sócrates não tem esse caráter moderno. O reconhecimento da natureza de Sócrates, em um sentido puro, vai no sentido de um modelo objetivo, que se põe constantemente como o que pode dar a *areté*: ser sábio como os deuses. A identidade com a alma pura, sua essência ou parte racional, é para ser adquirida e, então, o "conhece-te a ti mesmo" é o caminho para os seres humanos poderem ser o máximo possível como deuses[33].

---

33. Rowe e outros afirmam isso.

Quinta lição

A "vida examinada" – II

Terceiro episódio. No final de *O banquete*, há a cena da entrada de Alcibíades na casa de Agatão, quando também é convidado a falar do amor, como os outros presentes já haviam feito. Ele escolhe uma via diferente. Ao invés de tentar fazer qualquer caracterização geral de Eros, opta por fazer uma espécie de encômio a Sócrates.

Há quem exponha esse episódio efetivamente como sendo a fala da não filosofia, da poesia, por exemplo, em contraste ao da filosofia, que teria sido a fala de Sócrates, referindo-se ao que aprendeu de Diotima[34]. No entanto, pode-se muito bem apanhar esse episódio não como a resposta da poesia à filosofia, mas como aquilo que Alcibíades diz que é: uma fala que deverá contar a verdade sobre Sócrates – e a verdade, mais ainda, sobre o próprio Alcibíades. No entanto, Alcibíades acredita, e não

---

34. Martha Nussbaum vai por essa via em: *A fragilidade da bondade*. São Paulo: Martins Fontes, 2009.

sem razão, que a verdade que ele pode contar não poderá deixar de ser verdade na medida em que Sócrates, ali estando, terá o direito de interrompê-lo se perceber algum desvio.

A fala de Alcibíades, como Platão a conta, parece percorrer certos passos da própria fala de Sócrates, funcionando como uma espécie de sátira do discurso do filósofo. Uma sátira em que Sócrates seria o próprio *daimon* Eros[35]. Alcibíades não ouviu o discurso de Sócrates, mas, será que precisaria ouvir? Pelo que conta, não! Ele se mostra bem familiarizado com o que Sócrates poderia ter dito. Sendo uma sátira, nada melhor que também alguns personagens sejam sátiros. O próprio Sócrates é um sátiro, na fala de Alcibíades. Trata-se de um Sileno, uma figura que o general diz que se poderia comprar como um *souvenir* em qualquer loja de objetos de Atenas. Sócrates se pareceria com o sátiro Marsyas, algo que Alcibíades percebe bem e que também o leitor de Platão (mesmo o leitor moderno, que conhece a iconografia) não pode negar. No entanto, Alcibíades alerta que a semelhança que ele deseja mostrar não é a física, mas a de comportamento. Esse trecho de *O banquete* não é dos menos sujeitos a interpretações variadas. A mais comum é

---

35. SHEFFIELD, F.C.C. *Plato's Symposium* – The ethics of desire. Oxford: Oxford University Press, 2006, p. 185-196.

a trivial, a que evoca o platonismo: Alcibíades estaria alertando para a figura de Sócrates como aquele que em sua aparência é exemplo de feiura e que, em seu interior, naquilo que seria a sua verdade, se apresentaria aos que pudessem dar algum passo na filosofia como sendo o mais belo dos mortais. Essa interpretação não precisa ser descartada se vamos optar por outra. Mas, é certo, outra opção se faz mais interessante.

Marsyas não é um sátiro qualquer. É aquele que toca a flauta. Para alguns, o próprio inventor da flauta. O que encanta pela flauta. O mito a ele relacionado conta que a deusa Atena achou uma flauta e a experimentou, tocando-a à beira do lago. A alegria da deusa, no entanto, durou pouco. Mirando-se no espelho das águas do lago, Atena se viu horrorosa, com as bochechas inflamadas de quem toca um instrumento de sopro. Ficou revoltada com aquele instrumento que a fazia envergonhar-se de seu próprio rosto, então deformado. Abandonou a flauta imediatamente. A flauta foi apanhada por Marsyas, que tocou-a com esmero e, depois, envaidecendo-se de sua *performance*, desafiou o deus Apolo, duelando com este, que optou pela lira. Apolo o venceu no duelo de *performance* e, para castigá-lo pela insolência de desafiar um deus, amarrou-o e tirou toda a sua pele, deixando-a exposta para que todos a vissem. Sabemos bem que Alcibíades adorava essa história.

Também ele, Alcibíades, não havia gostado de tocar flauta. Dizia que o povo que tocava flauta era tolo, pois assim fazia porque não sabia conversar. Ocupava a boca com o instrumento não por virtude e sim por incompetência. Não se fazia de rogado: dizia que não iria desfigurar seu rosto, de modo a não passar pela vergonha que Atena passou[36]. Sua beleza não poderia ser maculada por nenhum momento. Ora, no mesmo discurso de Alcibíades em *O banquete*, ele diz claramente que Sócrates, que nada é senão o sátiro Marsyas, é o único homem que o fez ter vergonha de si mesmo[37]. Ele revela que na presença de Sócrates recorda-se imediatamente do que ele deveria ser, segundo o filósofo e de acordo com o que ele próprio, Alcibíades, havia querido, e o quanto ele não conseguiu seguir esse caminho traçado. É o sentimento da vergonha o ponto de ligação entre Marsyas e Sócrates. Marsyas foi o patrono daquilo que fez a deusa ter vergonha de si, da mesma maneira que Sócrates foi o mentor de um Alcibíades que, uma vez tendo falhado, só poderia sentir vergonha diante daquele que apostou nele e o guiou. Levando em conta que essa relação se deu

---

36. PLUTARCO. *Alcibíades e Coriolano* – Vidas paralelas. Rio de Janeiro/Coimbra: Annablume/Cech – Universidade de Coimbra, 2010, p. 32.

37. PLATO. Symposium. In: COOPER J. & HUTCHINSON, D.S. *Plato...* Op. cit., p. 498, § 216b.

no interior da pederastia e, mais ainda, no interior da pederastia invertida (Sócrates faz o mais jovem se apaixonar, e não o mais velho), como Alcibíades atesta em sua fala, então mais motivos temos para apostar que o ponto de ligação da comparação entre Marsyas e Sócrates, por conta de Alcibíades, tem o seu elo na vergonha.

Sócrates é caracterizado por Alcibíades, em *O banquete* de Platão, como uma espécie de sua consciência. Digamos assim, em uma linguagem freudiana, mas figurativa, Sócrates seria como que um superego capaz de, apenas com a presença, provocar um pesar até em um deus. A vergonha de Atena no uso de algo que seria quase que um membro do próprio Marsyas pode ser a vergonha de Alcibíades – ele próprio, pelas suas idiossincrasias, um semideus – quando de posse de qualquer discurso, se para discursar tivesse que estar diante de Sócrates ou com ele na memória.

Sócrates foi o filósofo que fez do seu pensamento comum algo não distante do pensamento filosófico. Sócrates caminhou com a regra de que "uma vida não examinada não vale ser vivida"[38], de modo que ele nunca agia por mecanismos reflexos, e sim sempre de modo refletido. A Sócrates

---

38. PLATO. Apology. In: COOPER, J. & HUTCHINSON, D.S. *Plato...* Op. cit., p. 33, § 38a.

não caberia a advertência que se poderia caber a todos nós e até mesmo aos grandes filósofos, que é a de agir irrefletidamente em alguns momentos, inclusive os mais decisivos.

Ao perguntar sobre sua natureza e, ao mesmo tempo, a natureza do homem e, enfim, ao revelar-se para Alcibíades como aquele que funciona como uma consciência, ou seja, como uma espécie de grilo falante de um Pinóquio que está longe de ser um boneco de pau, Sócrates atua diante de um indivíduo como o Oráculo o fez atuar diante de Atenas (segundo sua própria interpretação *a posteriori*). Ao fazer um balanço da sua vida, na hora de seu julgamento, Sócrates mostra se ver como uma espécie de consciência de Atenas, no sentido de tornar os atenienses menos vítimas da *hybris* de até então. Esse papel de consciência da cidade que, para muitos até hoje, é o melhor papel do filósofo, também é a tarefa que Sócrates representa para Alcibíades: ele é aquele único que torna Alcibíades envergonhado de si mesmo. Ora, após a morte de Sócrates, as homenagens prestadas a ele e o tanto que se escreveu sobre ele, mesmo quando se escreveu contra ele, revela que, mais uma vez, Atenas sentiu vergonha. O papel do pensador nada era senão este: tornar o pensamento algo que é próprio do pensamento – ir contra a irreflexão. Ou sentir vergonha quando se vai contra a irreflexão.

Sexta lição

Alcibíades

Sem dúvida Alcibíades passou para a história como grande general. Mas, na história da filosofia, ele se consagrou como um preferido de Sócrates.

Alcibíades foi brilhante estrategista, hábil orador, comandante militar firme e resoluto e, é claro, nobre. Foi herói de guerra. Também foi audacioso, intempestivo, violento, vaidosíssimo e belo. Ganhou a acusação de ter cortado genitais e cabeças de estátuas de deuses em Atenas – um crime nada pequeno para a cidade. Bandeou-se de lado em conflitos entre Atenas e Esparta, ainda que sem perder o prestígio. Terminou sua vida assassinado por enviados persas, quando estava para oferecer seus serviços militares ao rei persa. Talvez tenha sido assassinado a mando de parentes de Platão que, enfim, eram oligarcas que governaram no período dos "Trinta Tiranos". O motivo? Havia rumores de que Atenas esperava por Alcibíades para fazê-la voltar à democracia[39].

---

39. PLUTARCO. *Alcibíades e Coriolano* – Vidas paralelas. Rio de Janeiro/Coimbra: Annablume/Cech – Universidade de Coimbra, 2011.

Alcibíades foi um dos jovens mais belos de Atenas. Em seu escudo dourado, feito sob encomenda, não havia nenhum emblema dos ancestrais, como poderia ser o costume de um nobre, e o que o artefato carregava era a figura de Eros armado de um raio. Alcibíades esteve entre os jovens que seguiram Sócrates. Em *O banquete*, ele é a figura tragicômica que entra na casa de Agathon, quase ao final da reunião. Essa passagem é altamente significativa.

Como foi dito em lições anteriores, *O banquete* conta sobre a reunião de amigos na casa de Agathon, jovem poeta. O motivo é simples: a comemoração da vitória de Agathon em um importante concurso de poesia. Os convivas bebem, comem e falam do amor, ou seja, de *eros*. Cada um dá a sua visão sobre o amor. Sócrates é o último a discursar. Ele conta que ouviu de Diotima o que tinha de aprender a respeito dos "mistérios do amor". E então relata a história proferida por essa sacerdotisa. Nessa hora, o texto platônico ganha claramente um sentido filosófico. Ou melhor, o texto mostra um sentido filosófico se nós, já educados filosoficamente, esperamos que a filosofia não seja outra coisa que não o que Platão definiu como filosofia, o percurso para a contemplação das Formas.

Sócrates fala da escada do amor. Ele ensina a doutrina de Diotima[40]. O início não poderia ser outro senão a convivência entre as pessoas e, em especial, a vida entre homens livres de variadas idades. Começa-se pela apreciação do belo que existe em cada corpo belo e, depois, percebe-se que jovens diferentes possuem corpos belos que, ao menos quanto ao qualificativo belo, devem ser iguais. Então, o que é uma qualidade, a beleza, ganha um aspecto quantitativo. Cada corpo individual belo possui igual quantidade de beleza que, por sua vez, é homogênea. Esse é o passo para se admitir que a despeito da individualidade de cada jovem belo, a beleza de cada um *participa* de algo comum que, afinal, é o Belo – o belo em si. Caso não fosse assim, esses jovens não poderiam ser belos. O belo e o bom é o que buscamos – e nisso se tornam sinônimos. O que é belo é bom, é o que podemos apontar como a *excelência*, a perfeição – o que se quer alcançar. Nesse sentido, a essa altura da escada, o que é individual já ficou para trás. O processo conduziu aquele que o desenvolve, finalmente, ao topo da escada. Nesse caso, o que a filosofia entrega para quem sobe cada degrau é o *eidos* ou a Forma, a Forma do Belo, no caso.

---

40. PLATO. Symposium. In: COOPER, J. & HUTCHINSON, D.S. *Plato...* Op cit., a partir do § 201d.

Tanto o leitor de *O banquete* quanto os presentes no evento são tomados de assalto quando começa o barulho no portão de Agathon. É a chegada de Alcibíades[41]. Completamente bêbado e vestindo na cabeça uma guirlanda de hera e violetas, ele, cambaleante, tenta coroar as pessoas com aquele apetrecho. A coroa de hera é típica das musas. A violeta tem relação com Atenas. Alcibíades aparece em cena para coroar o vencedor do concurso com a guirlanda? E então, na verdade, coroa a própria festa!

Alcibíades não percebe a presença de Sócrates e se assusta quando vê que, no lugar que ele vai se sentar, está seu velho mestre. Ele, Alcibíades, estava ali em busca de Agathon, e eis que topa com Sócrates, o homem que mexeu com seu coração no passado, e que, como fica claro no decorrer do texto, ainda mexe.

Incentivado por todos ali a também fazer sua preleção sobre *eros*, sobre o amor, ele titubeia e, então, é empurrado a falar sobre o amor em homenagem a Sócrates. O vinho traz a verdade – ele próprio, Alcibíades, admite. Ele começa sua fala. Não ouviu nenhuma outra, nem mesmo a última, a de Sócrates. No entanto, sem o saber, toma o caminho inverso do de Sócrates. Ele se joga em um

---

41. Ibid., p. 494, § 212e.

discurso de amor-ódio por Sócrates, pelo *indivíduo* Sócrates. Alterna xingamentos com elogios máximos. Mostra o quanto ele, em vários momentos, se ofereceu a Sócrates sexualmente, e quanto Sócrates não o levou a sério. Conta como Sócrates o salvou na guerra. Conclui que Sócrates é exemplo de autodomínio. Do começo ao fim, o que importa para ele, Alcibíades, é Sócrates, enquanto que avalia que, para Sócrates, nenhum dos moços bonitos ali importa. Sócrates se volta sempre apenas para si mesmo, diz Alcibíades. Ele nunca é derrotado nos discursos, como não foi derrotado em nenhum momento nas agruras da guerra. E ele, Sócrates, como Alcibíades o descreve, é uma verdadeira "rocha", incapaz de ceder aos encantos de um belíssimo jovem. Sócrates, ali presente, não desmente Alcibíades.

O banquete, comentado por historiadores, filósofos, *scholars*, helenistas de todo tipo e, enfim, literatos, é sempre apresentado sob duas grandes ênfases. Ou o comentador busca enfatizar a doutrina de Diotima, que seria a doutrina platônica da busca das Formas, ou o comentador fala de quanto Alcibíades não teria conseguido sair do campo do amor individual, jamais entendendo a doutrina filosófica. A filósofa helenista Martha Nussbaum pega uma via diferente.

Chamando a atenção para a entrada de Alcibíades em cena, como um raio que corta o ambiente, e também para o escudo que contém o desenho de Eros segurando um raio, ela nota que Alcibíades é, ele próprio, Eros personificado – ou ao menos é isso que idealiza. Todos falaram de *eros* de diversas formas, até que um seu verdadeiro devoto, ou mesmo a personificação dele, entra em cena.

Nussbaum interpreta *O banquete* como sendo o oferecimento, da parte de Platão, de dois caminhos: ou pegamos a via de Sócrates, que é a doutrina de Diotima, ou pegamos a via de Alcibíades. Ou aprendemos a via da ascese que leva às essências, ou ficamos com a via da experiência, que leva às vivências mundanas. Na visão de Nussbaum, ou vamos pela filosofia ou pela poesia (Agamben diria: ou se vai pelo conhecimento ou se vai pela *práxis*). O ensinamento de Platão, como ela interpreta, é o de que não podemos ter as verdades da filosofia e as da poesia conjuntamente.

Nussbaum diz que Platão está nos dando um relato completo de duas opções de vida. Ou pegamos a via do belo que desemboca no Belo em si e, então, no Bom, ou pegamos a via do belo que se mantém erótico. Afirma Nussbaum que é como se Platão estivesse dizendo que há dois conhecimentos, como se ele estivesse falando "pensas que podes [...] ter esse conhecimento da carne pela carne e também o conhecimento do bem. Ora, diz Platão, não podes. Tens que te cegar a algo, desistir de alguma beleza"[42].

Todavia, será mesmo que é necessário ficar na escolha entre as vias de Sócrates e de Alcibíades? Talvez seja interessante notar que, ao se querer observar Alcibíades em seu amor-ódio por Sócrates, voltamos a observar, na verdade, Platão. Ou mais exatamente: caímos no enredo que Platão quer nos contar. Esse enredo é o que ele e somente ele preparou. Ele, Platão, ao final, traça o perfil do homem que seus parentes mandaram matar. Ele, Platão, traça o perfil de um Sócrates que, dessa maneira, finalmente pode tê-lo como discípulo, visto que é um Sócrates que não cede ao erotismo meramente cru, que escravizaria.

Platão mostra que há os que cedem ao erotismo cru, como Alcibíades. Mostra que Sócrates participou da vida desses jovens que, sendo belos, sabiam que poderiam trocar sua beleza pelo aprendizado com os mais velhos, e por isso recaíam sobre Sócrates. Todavia, deixa claro também que este tipo de atitude, ele, Platão, não via como sendo a filosofia, ou ao menos não via como sendo a sua filosofia. Sua filosofia, a do Sócrates que segue Diotima, é, na verdade, a que forma o "Platão de Sócrates" –

---

42. NUSSBAUM, M. *A fragilidade da bondade*. São Paulo: Martins Fontes, 2009, p. 173.

um Platão que não tem absolutamente nada contra o erotismo grego, mas que, em certo sentido, vê a desmedida das paixões de Alcibíades como algo que não poderia ser a filosofia daquele que iria formá-lo ou já o havia formado, seu mestre, Sócrates.

Nussbaum vê o texto platônico como o que oferece a opção entre a verdade da filosofia e a verdade da poesia. Mas isso não é, enfim, a visão tradicional que existe a respeito de Platão? No entanto, Alcibíades, do modo como Platão relata o episódio da festa de Agathon – e isso Nussbaum parece não perceber –, se entende ali como quem também está no percurso da filosofia. Quando inicia sua preleção, ele lembra aos que estão presentes no que é que todos eles estão engajados, e diz claramente que se trata do "frenesi báquico da filosofia"[43]. E pede então que os escravos e outros "não iniciados" ou tapem os ouvidos ou entrem para a casa, mas não ouçam o que ele vai contar, pois não é para os "não iniciados"[44]. Alcibíades não se vê aí senão como quem está, plenamente, no interior da filosofia. Sócrates está ali presente e, durante todo o tempo, não corrige Alcibíades, mesmo tendo este dado autorização para tal.

---

43. PLATO. Symposium. In: COOPER, J. & HUTCHINSON, D.S. *Plato...* Op. cit., p. 500, § 218b.

44. Ibid.

Pode-se imaginar, sim, como Nussbaum, que se trata de uma disputa entre filosofia e poesia. Mas *O banquete* não precisa ser lido como a disputa entre filosofia e poesia, como Nussbaum faz. Platão conta sobre entendimentos de *eros* e da filosofia, e pode-se ver que elabora a figura do general não como representante da poesia, mas, com efeito, o representante de uma filosofia derrotada. O erotismo que Alcibíades fomenta conduz sua prática por uma estrada que não é o erotismo lapidado por Platão.

Sétima lição

Acrasia e tragicismo

Um dos mais curiosos temas postos por Sócrates na história da filosofia é o seu célebre intelectualismo. Trata-se da tese socrática de que não se faz o mal senão por ignorância. De posse do saber, o homem jamais pratica o mal. Essa tese também passou para a história como a negação, por parte de Sócrates, do agente acrático. Em suma: o homem nunca está sujeito, de fato, à acrasia, ou seja, a incontinência ou, dizendo em termos modernos, à "fraqueza da vontade". De posse das informações necessárias, o homem faz o bem, não o mal, sem qualquer titubeio.

É claro que essa tese nega nosso senso comum a respeito do homem. E podemos dizer que, de certo modo, também deveria negar o bom-senso do grego dos tempos de Sócrates. Afinal, nem Platão e nem Aristóteles endossaram um tal intelectualismo – e de fato propuseram outros modelos a respeito da atuação humana. Então, como explicá-lo?

Talvez devêssemos levar em conta que o "intelectualismo socrático" jamais esteve em dissonância com um pensamento comum aos gregos, em especial o pensamento encontrado nas tragédias. Afinal, uma tese assim está presente, de certa maneira, na "psicologia ingênua de Homero", diz E.R. Dodds. E ele ainda complementa: "Trata-se, na verdade, simplesmente de um resultado inevitável da ausência do conceito de vontade"[45].

De fato, falta a Sócrates a noção de vontade. O mesmo ocorre com Platão e, de certo modo, também com Aristóteles, ainda que este se aproxime do conceito de vontade moderno por meio da noção de *proairesis*.

Os estudos clássicos de Jean Pierre Vernant são os melhores a respeito da noção de vontade em sua relação com as tragédias gregas. Levando-os em consideração temos o que há de mais interessante sobre a compreensão do mundo socrático enquanto um campo bastante peculiar a respeito da vontade. Nesses estudos, Vernant ensina sobre traduções que querem fazer de Aristóteles alguém que se contraporia radicalmente a Sócrates, quase que usando de noções que fundariam a noção de vontade como

---

45. DODDS, E.R. *Os gregos e o irracional.* São Paulo: Escuta, 2002, p. 25, 34.

ela aparece nos modernos[46]. Vale a pena seguir Vernant e ver até que ponto Aristóteles se colocou de maneira diferente de Sócrates. Após isso, podemos voltar ao assunto do tragicismo socrático.

Se os gregos não tinham a palavra "vontade" como nós modernos a temos, isso significa que as fronteiras do pensamento grego clássico não são as nossas fronteiras. O mais próximo de "vontade" que a semântica grega clássica forjou foi *proairesis*, com Aristóteles. Trata-se do raciocínio deliberativo. Dado um fim já posto naturalmente, como a felicidade, ou outros pequenos fins a ela ligados, o homem delibera sobre que meios apanha, também já existentes, para realizar o fim desejado. Nós, modernos ocidentais, temos em nossa semântica a palavra "vontade". Ela não diz respeito só ao deliberar, mas ao querer o que não está em plano algum. Nosso querer está ligado a uma concepção de história que permite o tempo linear, com o futuro diferente do passado, coisa estranha ao grego, para quem o tempo era cíclico. Podemos querer e, desse querer, criar o que é tido por nós como algo que não estava no horizonte. Assim, saber falar nossa linguagem, que tem em seu interior a "vontade", é viver em um mundo e não em outro; é impossível

---

46. VERNANT, J.P. & VIDAL-NAQUET, P. *Mito e tragédia na Grécia antiga.* São Paulo: Brasiliense, 1988.

para nós sairmos desse mundo e saltarmos, efetivamente, para o mundo grego, e então ficar por aqui perambulando fingindo que não temos a palavra "vontade". Nosso pensamento moderno jamais funcionaria como funciona sem considerarmos a "vontade". Nosso pensamento não saberia se exercer a partir de *proairesis*. Podemos acreditar que sabemos como um grego pensa, mas não podemos viver como um grego – não mais. Não à toa Wittgenstein escreveu "o limite do meu mundo é o limite da minha linguagem".

Proairesis é uma palavra que dá ao agente a chance de deliberar, mas que permite que sua deliberação se coadune com uma deliberação dos deuses. Assim, um homem pode escolher os meios para atingir fins, mas essa escolha, que é dele, é também a dos deuses, e assim o conteúdo da tragédia pode se realizar. O homem faz atos que são de sua responsabilidade, mas ao fim da peça teatral ou do poema ele se vê diante de uma descoberta a respeito de si mesmo, e compartilha então disso com o público. O que fica sabendo é que tudo que fez nada era senão um destino posto pelos deuses. O homem trágico joga "em dois tabuleiros", escreveu Pierre Vernant, falando sobre a vontade e a tragédia[47]. São dois planos de causalidade, um humano e

---

47. Ibid., p. 29.

outro divino, e eles se imbricam. O homem decide, em seu íntimo, o que fazer, mas esse seu íntimo já cruzou com os desejos do plano divino.

Não é à toa que, se o Deus judaico-cristão cria do nada, isso é algo que nenhum deus olímpico fez ou pensou. Nosso deus moderno e ocidental é deus da vontade. Nós somos, à semelhança dele (como disse Descartes), os que possuem a vontade. Nós, modernos, quebramos com cadeias de necessidade e colocamos no mundo o contingente. Pensamos dessa forma, que admite o contingente como o efetivamente novo. Por exemplo, não achamos que a Terra iria ficar poluída e perigosa para si mesma sem a contingência de ter sobre ela, vivendo nela, o homem. Nós acreditamos que alguém, mesmo formado – por educação e hábitos – com um caráter mau, pode, pela vontade, romper com isso e começar uma vida nova, fazendo o bem, desfazendo-se dos vícios. Aristóteles não podia acreditar nisso. Se alguém rompe com seu caráter mau, o faz por nova educação e novos hábitos, introduzidos do exterior, mas não por uma decisão autônoma, do indivíduo, uma espécie de "força de vontade" nascida do interior do indivíduo. Não há na semântica grega a "vontade". Nós a temos, e para nós é difícil acreditar que alguém não possa, "por força da vontade", uma força do interior, tirada do íntimo, sem deuses, nos colocar para fora de um curso já determinado pela nossa educação e nossos hábitos.

Os religiosos atuais podem pedir a Deus que este lhes dê energia para a "força de vontade", justamente porque sabem que a vontade é autônoma. Caso contrário, falariam tranquilos para si mesmos: que seja feita a vontade de Deus, e dormiriam sem preocupação, sem medo do conflito interno entre querer e não querer, que é a manifestação da nossa vontade. Mas se há alguma coisa que religiosos sinceros temem é justamente o conflito interno da vontade. E Santo Agostinho foi o filósofo que realmente teorizou sobre isso. Ele teorizou sobre a vontade exatamente porque, contra São Paulo, que dizia que o pecado vem da carne, acreditou que o problema não era a "carne", o "corpo", mas o "espírito". O corpo, ao fim e ao cabo, obedece ao espírito. Mas quando o espírito contraria o próprio espírito, quando há na vontade o querer e o não querer, aí sim há o conflito que se mostra insolúvel, e eis que sentimos o drama interno do eu. Aí sim sentimos o eu interior, o eu dilacerado. Esse drama interior, posto no íntimo do eu, jamais foi registrado pelo grego clássico. Ele é de Agostinho e é nosso.

A vida grega permite-se ser uma vida do que é relatado no teatro grego: uma tragédia. A nossa vida não pode ser assim. Para nós, tragédia não é uma revelação de que fizemos o que estava também já estabelecido. Para nós, tragédia é apenas um acontecimento ruim, um desastre.

Para os escolarizados de hoje, o plano causal humano e o plano causal divino estão separados – no caso dos que admitem um plano divino. Por isso mesmo faz-se necessário, entre nós, a ideia de milagre. Se há cruzamento de plano entre o querer dos deuses e o querer terreno, da natureza, ou o nosso, humano, trata-se de algo esporádico – o milagre. Os donos da fé no Ocidente são muito ciosos em admitir milagres. A Igreja Católica que o diga!

É errado supor, de modo imediato, que alguém que diz hoje que "está tudo traçado" realmente acredita nisso. E cuidado aí: mesmo que pense que pensa assim, esse seu determinismo não é o pensar do grego clássico. Pois o grego não diz que está tudo traçado. Ele simplesmente não pensa noutra possibilidade senão a que é posta pela sua semântica. Ele não está sob a dicotomia necessário-contingente do modo que estamos. Não faz sentido para ele admitir o que chamamos de determinismo. Mas nem nós hoje estamos, com tranquilidade inabalável, em condições de acreditar que "está tudo traçado". Podemos falar isso, mas não fazemos nossas vidas como quem acredita nisso. A todo momento nos insurgimos contra qualquer destino e cobramos de nós mesmos uma atitude de intervenção capaz de quebrar qualquer um "já traçado". Queremos o diferente porque o diferente é possível em nossa semântica. Se pensássemos assim, sem a questão do diferente vir a ser posto no real, não agiríamos. Pois nosso mundo separa teoria e prática. Em nosso mundo há o momento do pensamento e o momento da prática, e essas duas coisas, separadas, nos dão o que somos – a pessoa, o agente moral ou sujeito moral. O grego clássico não funciona assim. Ele se faz na *práxis*. São seus atos que o põe como pessoa, como agente moral. Desse modo, ele é o que é nos seus resultados. Nós somos o que somos nos nossos pensamentos. Para nós, o pecado já se verifica na intenção. Os antigos jamais pensaram na culpa como alguma coisa imputável a alguém sem que este agisse e configurasse a culpa. Pecar em atos e intenções – que se note aqui intenções como os "maus pensamentos" – é algo cristão e moderno. Para os antigos, a alegação "eu não sabia" é bem entendida, mas não serve de amenização da responsabilidade e da culpa. E dizer "eu não tive a intenção" não é algo possível de se dizer.

Aristóteles, de fato, fala que o homem é "princípio e pai de suas ações como de seus filhos". Por diversas vezes Aristóteles diz que a ação do homem depende do "próprio (*autós*) homem". Mas esse *autós* tem a ver não com o nosso *self*, como tomado modernamente, e sim, exclusivamente, como o que há nos seres vivos que possuem o poder de "moverem-se por si mesmos". "Nesse contexto, *autós* não tem o sentido de um eu pessoal, nem de uma faculdade especial de que disporia o sujeito para modificar os jogos de causas que agem no interior[48]." Se a maldade depende da ignorância, como insistiu Sócrates na discussão desse assunto, Aristóteles reforça que também a ignorância é de responsabilidade do homem; está no poder dele, homem, essa ignorância. Ela não serve de excusa para a ação danosa. O homem tem autoridade para cuidar de sua ignorância. A ação depende do caráter, e o caráter é, antes, algo que se constitui pela ação humana de cada um. Todavia, falando assim, em nenhum momento Aristóteles analisa – como fazem os modernos – a formação psicológica em que alguém pode decidir por não se deixar levar por uma fixação do mau-caráter ou coisa parecida. Aristóteles vê que a cada vez que não se pode apontar para uma força de coação exterior, quanto a um ato, então esse ato tem como força motora o homem, e lhe é imputável. Mas se esse ato lhe é de caráter, como algo que já está formado, o homem então tem pouca possibilidade de contrariar uma tal disposição em forma de arroubo, um recomeçar por si só[49].

---

48. Ibid., p. 59-60.

49. Ibid., p. 61.

Essa capacidade de deliberação que aparece em Aristóteles, ele a denonomina *proairesis*. Ela pode se aproximar da nossa noção moderna de vontade, mas de modo algum tem qualquer poder de se apresentar como um seu sinônimo.

O que Hannah Arendt ensina e reitera é que não podemos confundir a *proairesis*, uma expressão de Aristóteles, com a vontade moderna. A *proairesis* faz a mediação entre a razão e o desejo, nomeando então uma instância de decisão. Mas essa decisão é apenas uma escolha sobre o que já está posto à disposição. Além disso, de modo algum discute o objetivo a ser atingido, ficando apenas na escolha de meios já bem-postos. Em suma: ninguém escolhe felicidade ou saúde como fins, pois isso já é da natureza humana buscar e são sempre estes os mesmos objetivos para todos; mas os meios, estes sim, são da opção de cada um, todavia, também são dados. Surgem como meios exatamente à medida que se põem como já dados. Cabe escolhê-los de modo racional. "A *proairesis* é o árbitro entre as diversas possibilidades." Não se trata do "poder espontâneo de começar algo novo nem com uma faculdade autônoma, determinada por sua própria natureza e obediente a suas próprias leis"[50].

---

50. ARENDT, H. *A vida do espírito*. Rio de Janeiro: Civilização Brasileira, 2010, p. 324-325.

Atentos a tais ensinamentos, faz-se necessário reconhecer que Aristóteles não está fora do campo do homem trágico. A tragédia e o homem trágico explicam bem o modo de entendimento do homem grego antigo. O célebre dito de Heráclito – traduzido de diversas formas por helenistas e filósofos – tem em Vernant uma função especial. Trata-se de "*ethos antropós daimon*". Isso quer dizer: "No homem, o que se chama *daimon* é o seu caráter; e inversamente, no homem, o que se chama caráter é um demônio". A frase explicita assim a coligação entre o plano da causalidade que parte do homem e a causalidade que parte das forças divinas. Diz Vernant que

> para a nossa mentalidade de hoje (e já, em grande parte, para a de Aristóteles), essas duas interpretações se excluem mutuamente. Mas a lógica da tragédia consiste em jogar "nos dois tabuleiros", em deslizar de um sentido para outro, tomando, é claro, consciência de sua oposição, mas sem jamais renunciar a nenhum deles[51].

E ele insiste:

> Lógica ambígua, poder-se-ia dizer. Mas não se trata mais, como no mito, de uma ambiguidade ingênua que ainda não se questiona a si mesma. Ao contrário, a

---

51. VERNANT, J.P. & VIDAL-NAQUET, P. Op. cit., p. 29.

tragédia, no momento em que passa de um plano a outro, demarca nitidamente as distâncias, sublinha as contradições[52].

A tragédia é o lugar de confluência das rotas de causalidade do homem e dos deuses. Mas a característica central desse tipo de narrativa é que toda a trama faz com que em determinado momento o homem se dê conta que essas causalidades se cruzaram, geraram oposições e confluências, e que ele próprio, homem, ainda que responsável pelos seus atos, não deixou de cumprir os desígnios divinos. Há assim uma espécie de autoconhecimento gerado na tragédia. O seu personagem principal recebe esse ensinamento. Os que usufruem da peça representada aprendem essa lição. Por isso Vernant escreve que "a tragédia é, portanto, em tudo, comparável a uma psicanálise: levanta o véu que dissimula a Édipo seu rosto parricida, ela nos revela a nós mesmos"[53]. É uma psicanálise que revela um eu autor, e também quem se é no meio de um contexto posto também pelos deuses, mas não uma descoberta iluminadora de forças internas de um inconsciente, claro, como em Freud.

---

52. Ibid., p. 29-30.

53. Ibid., p. 78.

Nesse sentido, a tragédia não se opõe ao "conhece-te a ti mesmo" délfico. Muito menos se opõe ao modo como o próprio Platão teceu um de seus escritos principais, *A defesa de Sócrates*. É neste escrito que o filósofo diz que "uma vida não examinada não vale a pena ser vivida". É no seu julgamento, que está na *Defesa*, que Sócrates mostra claramente que sabe que participa de dupla causalidade, a dele próprio e a do *daimon*. Ou seja, ao fim e ao cabo adquire o saber de que é a causalidade dos deuses que vale em conjunto com a sua causalidade, para trama do que foi a sua história. Ele confessa aos jurados que, obedecendo ao Oráculo de Delfos – que o nomeou como o mais sábio dos atenienses –, procurou um homem mais sábio do que ele para refutar "o deus do Templo", mas com isso terminou por descobrir que justamente nessa tarefa o que estava realizando nada era senão o cumprimento de uma missão posta pelo deus. Sua missão: ser a mosca de Atenas, a consciência crítica da cidade. Sócrates se vê como um salvador de Atenas que não se sabia salvador, embora tivesse consciência plena de seu exame filosófico de outros. Toma consciência disso, então, em seu julgamento ou pouco antes, quando Atenas o acusa de impiedade e de corromper a juventude. Revela-se a si mesmo como em toda revelação final do herói trágico. A própria *Defesa*, se olharmos por essa via, é um texto confeccionado sob o signo de uma tragédia, ou no estilo de uma tragédia.

Talvez muitos não tenham notado essa tese sobre o tragicismo de Sócrates[54] exatamente por lerem Nietzsche segundo um cânone estreito. Ele escreveu que o espírito socrático se opôs ao espírito da tragédia. Essa sua denúncia, especial e particularmente, está em *O nascimento da tragédia*. Nietzsche insistiu nisso para opor teoria/filosofia à tragédia/arte, e talvez esse ponto tenha atrapalhado possíveis *insights* de helenistas. Mesmo Gregory Vlastos, autor da tese de que as forças divinas de Sócrates – seu *daimon* – nunca contrariam uma sua possível decisão racional, tomada sem ajuda do seu gênio, não levanta a tese da *Defesa* ser, ela própria, uma espécie de tragédia. Há uma ironia trágica na morte de Sócrates e em sua autodescoberta contada aos jurados e, enfim, aos leitores de Platão.

---

54. A tese da *Defesa de Sócrates* como texto trágico, que lanço aqui, aparece de um modo diferente em um estudo de Jacob Howland. Segundo esse autor, Sócrates diferiria do herói trágico típico por conta de não se espantar com o fato de ver *ethos* e *daimon* em aproximação, uma vez que isso seria, para ele, algo bastante próprio de sua atividade. Da minha parte, não creio que é a questão do espanto o ponto central do herói trágico ao tomar consciência de que está sob as teias de caráter e divindade, mas sim o próprio fato de ficar sabendo disso, espantando-se ou não. Cf. HOWLAND, J. Plato's apology as tragedy. In: DUSTIN, C. & SHAEFFER, D. *Philosophy and its others*. Nova York: Lexington Books, 2013, p. 184 (ed. do Kindle).

Platão parece fazer com a tragédia o que, todos sabemos, faz com os mitos. Fala contra eles, chega a proibir em sua cidade ideal os que cantam os mitos. Mas não deixa de se servir de mitos, e em profusão, em seus próprios escritos. Talvez Nietzsche esteja certo em ver em Sócrates, e indiretamente em Platão, pessoas antes voltadas para a teoria do que para a arte. Mas a *Defesa* é, sem dúvida, uma peça filosófica feita como uma espécie de narrativa trágica, uma maestria na arte teatral e, de certo modo, poética.

Sócrates é, então, antes um trágico que um iluminista? Talvez não seja errado dizer isso. Outras circunstâncias o mostram como que sabendo "jogar nos dois tabuleiros", para usar a expressão de Vernant. No *Fedro*, a certa altura do diálogo, Sócrates muda de opinião ao lembrar que, até então, estava considerando inapropriado o homem enlouquecido de amor, mas que essa sua opinião poderia contrariar o deus Eros. Temendo ser castigado, inicia um novo discurso, uma espécie de elogio ao erotismo, e isso em vários sentidos. O temor ao deus, aí, não é propriamente medo, mas uma maneira de mostrar sua descoberta de que não se pode iniciar um roteiro próprio sem considerar o roteiro divino.

No *Teages*, então, as coisas se tornam ainda mais explícitas. Sócrates aceita a contragosto um rapaz como discípulo, mas o previne que a última palavra, sobre se o moço ficaria ou não ali para aprender alguma coisa, seria dos deuses. É segundo uma afinidade entre o *daimon* do mestre em consonância com afazeres do discípulo que as coisas podem caminhar de modo proveitoso. Modernamente falaríamos em "compatibilidade de gênios". Usando essa mesma expressão, podemos ver Sócrates apenas expondo sua regra de reconhecer que ele joga em um único espaço, o espaço trágico dos dois tabuleiros.

A individualidade de Sócrates é, sem dúvida, uma mostra de uma personagem *átopos*[55], um autêntico indivíduo. Mas essa individualidade não está sob a regra da semântica que admite o termo vontade. Não se trata de um defeito linguístico grego, mas apenas de uma vida que não se representa a si mesma como a nossa. Trata-se da vida em uma *outra* cidade.

---

55. Pierre Hadot lembra que Alcibíades, em *O banquete*, fala de como Sócrates é singular: "Ele é *átopos*, estranho, extravagante, absurdo, inclassificável, esquisito". E, nesse contexto, retoma o *Teeteto* para destacar uma fala de Sócrates: "Eu sou totalmente esquisito (*átopos*) e não crio senão aporia (perplexidade)". Cf. HADOT, P. *O que é a filosofia antiga*. São Paulo: Loyola, 1999, p. 57.

Oitava lição

O *daimon*: controvérsias historiográficas I

Um dos assuntos mais polêmicos entre os helenistas, principalmente nos últimos anos, diz respeito ao *daimon* de Sócrates. A questão é de importância porque envolve, também, a própria religiosidade de Sócrates e, enfim, as questões sobre o quanto seu julgamento teve realmente a ver com as acusações explicitadas.

As posições centrais nessa polêmica são as de Gregory Vlastos, que avaliam as posições religiosas de Sócrates e sua relação com a filosofia. Em relação aos escritos de Vlastos sobre esse assunto se erguem, principalmente, duas teses elaboradas contra ele e em diálogo com ele. Mas é ainda importante notar outras teses também proeminentes, elaboradas de um modo mais independente em relação a Vlastos. Essas visões são, respectivamente, dos helenistas Brickhouse e Smith, Mark

McPherran e C.D.C. Reeve[56]. Começamos pela última, exatamente por ela ser independente de diálogo com Vlastos.

C.D.C. Reeve levanta a hipótese de que a missão que Sócrates se atribuiu era coerente com sua devoção religiosa. A missão seria, de fato, a de ajudar o deus a levar os atenienses a perceber que o indicado como o mais sábio teria uma sabedoria de pouco valor – meramente humana – diante da sabedoria divina. Até aí, Reeve não introduz nada além do que está no texto de Platão, *A defesa de Sócrates*. Todavia, ele assume Sócrates como um devoto do deus Apolo[57].

Apesar de Sócrates nunca mencionar o nome "Apolo", e de Reeve ter isso bem claro, ele entende que não poderíamos pensar em outra divindade que não este deus, quando o filósofo faz referência "ao deus em Delfos". Além do mais, ele assume também que tal divindade seria, para Sócrates, a mesma responsável pela voz que o acompanhava desde a infância – o *daimonion* (os helenistas aqui

---

56. As controvérsias entre esses autores, em artigos e cartas, estão em: SMITH, N.D. & WOODRUFF, P.B. *Reason and religion in Socratic Philosophy*. Oxford: Oxford University Press, 2000.

57. REEVE, C.D.C. Socrates the Apollonian? In: SMITH, N.D. & WOODRUFF, P.B. *Reason and religion in Socratic Philosophy*. Op cit. Reeve desenvolve mais o assunto em seu livro *Socrates in the apology*. Cambridge: Hackett Publishing Company, 1989.

citados preferem o diminutivo *daimonion* em vez de *daimon*).

A partir dessas duas assunções, que Reeve defende com longa argumentação, ele penetra no Templo de Apolo para nos lembrar das suas inscrições. Tais inscrições, atribuídas aos chamados "Sete Sábios da Grécia", e que expressariam, digamos assim, a doutrina de Apolo, deveriam ser observadas por nós, hoje, para entender o sentido da missão socrática. Elas dariam o "espírito da moralidade" a ser seguida pelos gregos: "conhece-te a ti mesmo", "nada em excesso", "observa os limites", "curva-te ante o divino", "teme a autoridade" e "glória não é força". Esses preceitos, vistos por nós, hoje, em concomitância com várias outras mensagens do deus pela boca da pitonisa em casos similares ao de Sócrates, mostrariam qual o pecado condenado pelo deus do templo em Delfos. Este pecado nada mais seria que o da *hybris*, isto é, o excesso de confiança, a arrogância.

Reeve cita registros de mensagens do Oráculo de Delfos para apoio de sua hipótese. Ao escolher o homem mais feliz, o Oráculo tinha como candidatos Gyges, soberano da Lídia, e o desconhecido arcadiano Aglaus de Psofis, que nunca havia deixado seu minúsculo sítio. O Oráculo apontou Aglaus como o mais feliz. Outros registros são lembrados, nesse sentido, por Reeve. Seu objetivo é o de nos levar a comparar esse tipo de resposta com aquela dada a Querofonte. Sua conclusão é a de que teríamos de tomar a mensagem a Sócrates segundo o preceito de Apolo de fazer cumprir o respeito aos deuses em um sentido específico: aos gregos caberia o aprendizado de uma espécie de cuidado com a própria arrogância.

Quando pensamos no povo grego imerso em sua cultura, podemos levar a sério a hipótese de Reeve. Na cultura grega, determinados elementos centrais, como a honra na guerra, a dedicação na competição atlética e a habilidade da retórica na política, poderiam mesmo levar um povo à soberba e à arrogância. Os "Sete Sábios" foram efetivamente sábios ao recomendar como preceitos divinos aquelas inscrições no Templo de Apolo. Para um povo como o grego, cuja religião jamais foi unificada ou organizada por uma Igreja, muito menos teve um texto sagrado, as inscrições do templo poderiam ser vistas como a bala única na agulha da arma daqueles legisladores. E eles realmente acertaram se perceberam a *hybris* como o possível pecado maior que poderia corroer os gregos.

Todavia, uma coisa é ver o sentido da moral das inscrições do templo e todos os recados das sacerdotisas, outra coisa é fazer de Sócrates um missionário de Apolo. Podemos ponderar sobre tais inscrições do templo sem ter de identificar o deus de Sócrates com o deus Apolo.

Reeve sabe que Sócrates nunca menciona Apolo. Ele, Sócrates, fala em "deus em Delfos" – só isso. Podemos imaginar que o que fez com que Sócrates nunca viesse a falar "Apolo" para "o deus em Delfos" é que sua concepção dos deuses era suficientemente diferente da adotada tradicionalmente. Não seria errado acreditar que ele, propositalmente, não quis que seus ouvintes ligassem o que entendia como divino à imagem de Apolo. Pois se assim ocorresse, muito provavelmente, todos o tomariam como se falasse de deuses da tradição, aqueles que eram capazes de mentir ou de fazer o mal. Sabe-se bem, como está em *A defesa de Sócrates*, que o filósofo recebeu a resposta de Querofonte e, então, reagiu dizendo que o deus, por sabedoria, não poderia mentir. Por isso ele, Sócrates, que não se via como sábio, teria de interpretar com cuidado a mensagem do deus, aquela que dizia que ele era o mais sábio ateniense. Ora, os deuses, para os gregos, não só podiam mentir como criar todo o tipo de algazarra e malfeitos, contra eles mesmos e contra os mortais. Sócrates tinha uma religiosidade suficientemente inovadora e, para ser fiel à verdade do que tinha seguido até o dia de seu julgamento, rejeitou mencionar qualquer ligação do que ele entendia como "o deus em Delfos" e o deus Apolo.

Reeve prefere dizer, apenas, que o Apolo de Sócrates era bem diferente do Apolo dos gregos. Mas, para que imaginar que Sócrates estaria pensando em dois Apolos? Ele disse exatamente o que tinha de dizer: "o deus em Delfos". Muito menos convincente, portanto, é a ideia de Reeve de que seria Apolo o *daimonion*, na visão de Sócrates. Seria mais fácil, para uma pessoa da inteligência de Sócrates, sustentar que a voz divina que o acompanhava desde criança pertencia a uma divindade que ele teria de constantemente perscrutar, ponderando seus avisos, e não simplesmente acreditar que se tratava de uma figura montada em todos os seus aspectos pela tradição grega. Se assim não fosse, teríamos de admitir algo implausível: Sócrates, um filósofo, um intelectual que respirou o clima intelectual grego, nada sabia da crítica de outros filósofos que ridicularizaram o antropomorfismo dos deuses gregos – isso foi feito pelo pré-socrático Xenófanes (570-475 a.C.). Admitir tal coisa não parece razoável.

Nona lição

O *daimon*: controvérsias historiográficas II

A discussão sobre a religião de Sócrates, em Reeve, articula-se com as inscrições no interior do Templo de Delfos. A discussão análoga de Thomas C. Brickhouse e Nicholas D. Smith, ou de Mark L. McPherran, voltam-se para o *daimonion*.

Não é razoável imaginar que Vlastos daria atenção a tal tema tanto quanto o fez, ao falar do dever cívico-religioso de Sócrates, se não fosse pela interlocução com esses pesquisadores mais jovens que, de certa forma, foram seus discípulos[58]. Todavia, graças a tal debate, a própria posição geral de Vlastos, uma vez formulada em livro[59], tornou-se

---

58. Há uma enorme correspondência de Vlastos com esses e outros pesquisadores. Especificamente sobre o *daimonion*, pode-se conferir um resumo disso em "Socrates and his daimonion". In: SMITH, N.D. & WOODRUF, P.B. *Reason and religion in Socratic Philosophy*. Nova York: Oxford University Press, 2000.

59. Vlastos discutiu o assunto enquanto preparava seu livro célebre sobre Sócrates. Doente, ele acelerou os trabalhos no sentido de

mais clara do que em outras formulações anteriores. As divergências entre eles podem ser colocadas no seguinte quadro:

Teses/autores	McPherran	Brickhouse & Smith	Vlastos
(1) o *daimonion* é uma fonte não racional de conhecimento certo para Sócrates.	Sim	-	Não
(2) Há verdades morais às quais Sócrates tem acesso direto, e certeza, através do *daimonion*.	Sim	Sim	Não
(3) A fiança de Sócrates no *daimonion* é mais do que a confiança que pode colocar ou colocaria nos produtos de raciocínio.	Sim	Sim	Não

---

finalizar esta que se tornou a mais importante obra sobre Sócrates do século XX. Cf. VLASTOS, G. *Socrates*: Ironist and moral philosopher. Nova York: Cornell University Press, 1991.

| (4) Sócrates tem dois modos independentes de basear o conhecimento que ele possui: um modo falível, pelo seu método de investigação de perguntas e respostas (o *elenkhós*), e um modo que lhe dava certeza, por meio da autoridade divina. | Não | Não | Não |

O que o quadro mostra é aquilo que pode ser tirado da troca de correspondência dos autores. É claro que isso também pode ser verificado, para aperfeiçoamento, em seus livros[60]. As teses de 1 a 4 foram rejeitadas por Vlastos. McPherran aceita as teses de 1 a 3. Brickhouse e Smith, trabalhando em conjunto, afirmam 2 e 3. Não é nosso objetivo aqui apresentar uma extensa e tediosa comparação entre eles. Focalizamos a atenção apenas no seguinte ele-

---

60. Em especial: BRICKHOUSE, T.C. & SMITH, N.D. *Plato's Socrates*. Nova York: Oxford University Press, 1994. • McPHERRAN, M.L. *The religion of Socrates*. Pensilvânia: The Pennsylvania State University Press, 1999.

mento: Vlastos aperfeiçoou sua tese sobre a religiosidade de Sócrates a partir de uma interlocução na qual ele não desconsiderou o *daimonion*, mas anulou uma suposta confrontação deste com o raciocínio de Sócrates. Sua tese, de fato, é a de que em todas as decisões que Sócrates tomou, e nas quais houve a concorrência do *daimonion*, o filósofo possuía bases racionais para fazer o que fez. Quando não, o *daimonion* funcionou como uma forte sugestão intuitiva. Ou seja, o *daimonion* poderia muito bem ser dispensável, ainda que, talvez, tenha sido de fato considerado por Sócrates.

A posição de Vlastos é bastante convincente, contra a de outros autores, por duas razões simples: evidência textual e consistência com outras teses. Vlastos apresenta uma interpretação de Sócrates inovadora e, de certo ponto de vista, mais esférica do que a dos outros *scholars*[61]. Além disso, em espe-

---

[61]. Um texto que também avalia a interlocução de Vlastos com outros *scholars*, mas que prefere a posição de McPherran, é o seguinte: LONG, A.A. "How does Socrates" divine sign communicate with him? In: AHBEL-RAPPE, S. & KAMTEKAR, R. (orgs.). *A companion to Socrates*. Nova York: Blackwell Publishing, 2006. A posição de Vlastos, nesse texto, me parece ter sido resumida sem a devida consideração ao modo como ele apresenta textualmente as decisões de Sócrates junto com os argumentos racionais e a participação do *daimonion* em cada caso. Long prefere centrar sua atenção no fato de Vlastos dizer que o *daimonion* é apenas uma premonição (*hunch*) para Sócrates, como quando dizemos "fiquei sugestionado". Mas essa é apenas uma parte da avaliação e argumentação de Vlastos a respeito do *daimonion*.

cial quanto ao *daimonion*, mostra cuidadosamente as passagens dos textos platônicos em que, a cada decisão de Sócrates, podemos apreciar bases racionais que poderiam ser sacadas pelo filósofo caso ele não quisesse de modo algum ouvir o *daimonion* – tais bases não entraram em conflito com as decisões assumidas. Também mostra que, quando tais bases não surgem, o *daimonion* não fornece algo que se possa denominar de conhecimento, mas sim algo que poderíamos chamar de "um estado de sugestão".

A investigação de Vlastos sobre o assunto é altamente elegante. Vlastos coloca para si mesmo a seguinte pergunta: Sócrates vê os sinais divinos que menciona como "revelações"? Em outras palavras: Para Sócrates, os sinais divinos seriam conhecimento desvelado ao homem por forças sobrenaturais? Isso ocorreria se o filósofo não recebesse apenas os sinais, como a resposta "não" do Oráculo (talvez conseguida pelo método dos feijões), ou a voz que ele chamou de *daimonion*, que nunca lhe disse nada de positivo, apenas lhe refreando uma ação ou intenção de ação. Para ter em mãos algo que ele pudesse chamar de conhecimento ou, mais especificamente, conhecimento desvelado ou revelado, ele necessitaria ser alimentado, também, pela interpretação correta dos sinais. Ora, isso nunca ocorre. Vlastos chama a atenção – corretamente – para o fato de que Platão jamais menciona qualquer elemento nesse sentido, somente Xenofonte esboça algo parecido com isso. E, como sabemos, o testemunho de Xenofonte sofre de vários problemas, apontados por autores e *scholars* bem informados, em especial quanto às questões filosóficas – ele não era um homem bem versado nelas. Na verdade, todo e qualquer sinal teria de ser interpretado por Sócrates, usando única e exclusivamente sua razão e seu método – o *elenkhós*. E assim ele age.

Vlastos encontra uma solução feliz para o problema, então, que seria o de duelo entre o *daimonion* e a razão. Ele faz um elenco de passagens em que Platão indica o surgimento de sinais, e as classifica sob duas rubricas. Em alguns casos, Sócrates ouve a voz que ele assume por conta própria como divina e toma uma decisão, mas toda a trama do texto mostra que sua decisão está também calçada por uma boa base racional que poderia se responsabilizar sozinha pelo ato, caso a voz divina não tivesse se manifestado. Em outros casos, ele não possui bases racionais para decidir, e a voz divina funciona como uma "impressão intuitiva forte" (um *hunch*, diz Vlastos) que lhe fornece uma certeza – um estado mental exclusivamente subjetivo. A conclusão de Vlastos é a de que o sinal divino e a razão, em Sócrates, não estão em oposição e nem competem entre si. Não há um vencedor, pois não caberia falar em disputa entre ambos (isso lembra a ideia de Vernant, do homem trágico grego que joga em dois tabuleiros, que percorre dois planos de causalidade que se imbricam e formam sua história – como posto na lição anterior).

Mas a oposição entre forças racionais e forças que seriam supranaturais não termina aí, com a solução de Vlastos a respeito do papel do *daimonion*. Ele tem de voltar ao assunto. A questão que tem de resolver é mais ampla; ela envolve a disputa entre o que Sócrates assume como seu dever religioso e aquilo que ele se propõe fazer, que é fruto de tal dever, o seu filosofar. Ora, seu filosofar, ao contrário de sua motivação para filosofar, é um puro exercício racional, o do *elenkhós*. Como então chegar a compreender Sócrates? Só há um modo: persegui-lo na aplicação do *elenkhós* e no seu imperativo por sinceridade.

Décima lição
Maiêutica e *elenkhós*: controvérsias historiográficas

Na conta dos filósofos e dos historiadores mais antigos da filosofia é comum, de uma maneira hipervalorizada, a ideia de que Sócrates, louvando sua mãe parteira, se autodenominava um homem que paria ideias.

De fato, a mãe de Sócrates foi parteira. E, no *Teeteto*, Platão coloca Sócrates dizendo que ele fazia algo parecido com o trabalho de sua mãe. Ela ajudava as mulheres a parir crianças; ele ajudava os intelectos de outros a parir ideias. No *Menon*, Sócrates aparece fazendo um jovem e ignorante escravo deduzir um teorema matemático. Aparentemente do nada, o escravo acaba fazendo nascer a ideia, e Sócrates ali é o parteiro. Mas, tanto no *Teeteto* quanto no *Menon*, Sócrates está bem distante do "Sócrates histórico" de Platão, e já é o Sócrates que professa o que corriqueiramente consideramos a doutrina platônica. Ao menos assim o devemos tomar se ouvimos os helenistas mais atuais, em especial Gregory Vlastos.

Todas as informações sobre Sócrates, hoje mais do que no passado distante, são controversas. O século XX foi responsável por problematizar cada um dos detalhes que foram sendo apresentados, fazendo crescer a historiografia socrática. Um dos problemas mais debatidos foi o da caracterização do método socrático, o *elenkhós*.

Um bom ponto de partida para se ter uma compreensão das divergências historiográficas modernas é o ano de 1933. O helenista e filósofo escocês William David Ross (1877-1971) publicou naquele ano um célebre artigo com o título "The socratic problem". Até então os historiadores da filosofia e filósofos, em especial os de língua inglesa, seguiam as interpretações de John Burnet (1863-1928) e Alfred Eduard Taylor (1869-1945)[62]. Esses dois estudiosos, que se tornaram clássicos, diziam que os diálogos platônicos apresentavam a visão que efetivamente Sócrates sustentou, ou seja, que eram fiéis

---

62. O livro de Burnet, *The early greek philosophy*, alcançou a terceira edição em 1920, em geral a que é disponível hoje na internet, em inglês. Teve sua primeira tradução para o alemão em 1913 e, para o francês, em 1919. No Brasil, há uma versão da Editora Siciliano, de 1994. O livro de Taylor, *Plato's biography of Socrates*, é de 1917, e há várias edições on-line, gratuitas (o leitor não deve confundir com a introdução de C.C.W. Taylor, que é contemporânea).

ao "Sócrates histórico". Eles atribuíam a Sócrates a "Teoria das Formas", a "doutrina da rememoração" e a "Teoria da Imortalidade e reencarnação de almas" – tudo aquilo que hoje, em geral, a historiografia atribui a Platão e, não raro, exclusivamente a Platão.

Ross não divergiu de Taylor e Burnet quanto à aceitação de algumas fontes. Por exemplo, ele acreditou, junto com Taylor e Burnet, que Aristófanes, na comédia *As nuvens*, estava certo ao atribuir a Sócrates alguns interesses (ainda que iniciais) em filosofia natural ou cosmologia (mesmo diante de *A defesa de Sócrates*, em que o filósofo diz que nada tinha a ver com Anaxágoras[63], e que este sim tinha interesse "nos Céus"). Ele também não fez qualquer ataque mais duro a Xenofonte. Como Taylor e Burnet, ele viu na *Memorabilia* e outras obras de Xenofonte um bom testemunho sobre a vida de Sócrates, ainda que tenha duvidado claramente da capacidade daquele de compreender Sócrates filosoficamente. Mas, apesar dessas concordâncias, Ross lançou dúvidas sobre partes importantes da

---

63. Anaxágoras de Clazômena foi o pré-socrático que manteve amizade e proteção de Péricles. Este, aliás, teve de gastar sua retórica na defesa do filósofo, acusado (como Sócrates, mais tarde) de impiedade, de não acreditar nos deuses da cidade. Anaxágoras se livrou da condenação, mas teve de deixar Atenas.

interpretação de Taylor e Burnet: não viu possibilidade de Sócrates endossar a "Teoria das Formas" e de defender a abordagem sobre a alma como a que aparece articulada à Teoria da Rememoração. E ele preferiu voltar a Aristóteles e considerar Sócrates como um filósofo moral, alguém com interesse em posições éticas, desligado de considerações metafísicas. Investigou o estilo de escrita de Platão e as questões de cronologia mais atentamente, para então delimitar melhor o que era de Sócrates e o que era de Platão. A partir de Ross, a historiografia socrática ampliou-se consideravelmente.

Ficar atento a essas questões historiográficas, que não raro se refletem na filosofia, implica não descuidar do que convencionamos, ao longo do século XX, chamar de "problema socrático" ou "problema socrático-platônico". Uma forma de avaliar essa transição na historiografia sobre Sócrates pode ser levada adiante por meio de uma comparação entre o que era comum na historiografia socrática do século XIX e como tal assunto se desenvolveu no século XX, principalmente no período do pós-Segunda Guerra Mundial, com os trabalhos de Gregory Vlastos e alguns de seus críticos ou apoiadores. O livro da filósofa francesa Sarah Kofman fornece um bom ponto inicial para notarmos as diferenças que precisamos perceber.

Em seu livro *Socrates – Fictions of a philosopher*, Sarah Kofman[64] inicia dizendo que um escrito sobre o filósofo de Atenas poderia apresentar apenas uma pequena informação efetivamente segura, e ainda assim tirada das *Lições de história da filosofia* de George W.F. Hegel (1770-1831) que, por sua vez, recolheu-a de Diógenes Laércio (séc. III d.C.)[65]. Tal informação, Laércio, o biógrafo de

---

64. KOFMAN, S. *Socrates* – Fictions of a philosopher. Nova York: Cornel University Press, 1998, p. 244 [Trad do inglês por Catherine Porter]. No quadro de Kofman, a feiura atribuída a Sócrates é, para Hegel, "sinal da violência de suas paixões"; para Kierkegaard, trata-se de um "sinal de desarmonia irônica" e, para Nietzsche, é "um sintoma da diversificação da natureza de suas paixões". A aludida capacidade de Sócrates de ficar imóvel por muitas horas é, para Hegel, algo que tem a ver com "catalepsia"; para Kierkegaard, é "o êxtase do ironista diante do nada", enquanto para Nietzsche é um "sintoma de decadência da saúde". A alegada ignorância de Sócrates é vista por Hegel e Nietzsche como real algumas vezes e simulada em outras, enquanto para Kierkegaard ela é sempre real. Hegel mostra a ironia como "momento positivo" do método socrático, que seria o da "ironia trágica", enquanto para Kierkegaard o filósofo ateniense e sua ironia são "um só" – a "ironia cômica". Nietzsche, por sua vez, vê a ironia como um "sintoma de agonia e impotência". O *daimonion* e sua voz são apontados por Hegel como positivos, "um aspecto da mente", ainda que não a "voz da consciência"; para Kierkegaard, eles são a "voz da ironia", sempre negativa. Para Nietzsche, trata-se de uma voz negativa, a "voz do instinto degenerado". A maiêutica é um momento positivo do método, para Hegel; é uma peça da ironia, para Kierkegaard, enquanto para Nietzsche trata-se do meio pelo qual Sócrates quer "produzir gênios".

65. A versão que utilizo aqui de Diógenes, referente a Sócrates, está em CALDER III, W. et al. *The unknown Socrates*. Wauconda (Il): Bolchazy-Carducci Publishers, 2002.

filósofos, conseguiu do que encontrou nos arquivos do templo de Metroön, em Atenas. Essa informação segura não conteria nada além dos nomes e das profissões dos pais de Sócrates – o escultor Sofroniscos e a parteira Fenarete – e referências a datas como a das Olimpíadas, da Guerra do Peloponeso e da "Era de Péricles", o que permitiria o cálculo da época de nascimento e morte do filósofo, muito provavelmente 469 e 399 a.C. Exceto isso, todo o resto do que se fala sobre Sócrates pertence ao campo da interpretação ficcional. Calçada nessa ideia, ela não busca nenhuma fonte de *scholars* preocupados com a história da filosofia, e centra seu escrito nos retratos de Sócrates feitos por três filósofos modernos: Georg W.F. Hegel (1770-1831), Soren Kierkegaard (1813-1855) e Friedrich Nietzsche (1844-1900)[66]. A história de Sócrates, para ela, seja qual for, é necessariamente ficcional.

Não há como discordar de Kofman, mas também não há como não dizer que existem ficções e ficções. As ficções feitas pelos *scholars* socráticos, ainda que, não raro, sejam tão filosóficas quanto a dos filósofos que usam de Sócrates para

---

66. As obras utilizadas são HEGEL, G.F. *Lectures of the History of Philosophy* [http://hegel.marxists.org/hpindex.htm]. • KIERKEGAARD, S. *O conceito de ironia*. Petrópolis: Vozes, 1991. • NIETZSCHE, F. *O crepúsculo dos ídolos*. São Paulo: Companhia das Letras, 2006.

suas próprias filosofias, são textos que lemos com olhos que não são os mesmos que usamos quando lemos os filósofos. As interpretações de Hegel, Kierkegaard e Nietzsche levam Sócrates para o mundo moderno e o engajam em suas próprias filosofias. As interpretações dos *scholars*, ao menos segundo a carta de intenção profissional que esposam, não carregam Sócrates para algum lugar, mas buscam carregar a nós, leitores, para o que seria o mundo de Sócrates. Todavia, sendo Sócrates quem foi, ou seja, um filósofo que nada deixou escrito, poderíamos realmente dizer que há uma linha de distinção entre o mundo de Sócrates dos *scholars* e as filosofias que se apropriam de Sócrates? Vários bons helenistas, hoje em dia, acreditam que sim – a partir do que denominamos, acima, de "o problema socrático". E o melhor modo de saber quando ultrapassamos essa linha é andar e tentar ultrapassá-la.

Seguindo Kofman até o final de seu livro, chegamos a um bem elaborado quadro comparativo. Seus filósofos modernos aparecem em uma grade que permite a visualização do que cada um deles disse dos pontos comuns atribuídos a Sócrates e/ou à sua filosofia. O que esses filósofos fizeram em comparação com o que os *scholars* socráticos do século XX levaram adiante? Eles filosofaram com grande imaginação, enquanto os *scholars* fizeram da imaginação um instrumento para fazer história – história da filosofia, de certo modo; e filosofia também. Isso produziu grandes diferenças?

Quanto ao conteúdo de cada item sobre as características de Sócrates e de seu filosofar, as diferenças são tão grandes entre os filósofos apontados por Kofman quanto são entre os helenistas do século XX e atuais. Todavia, é de se notar que a maioria dos helenistas atuais, em especial os do pós-Segunda Guerra, não fala mais na *maieutiké* como o "método de Sócrates", e sim no *elenkhós*[67]. Na comparação entre Hegel, Kierkegaard e Nietzsche não aparece o *elenkhós* como método socrático, e sim a *maieutiké*. Isto é, o método da refutação é esquecido em função do método de parir as ideias. Qual a razão disso?

Uma resposta imediata e simples: a tradição historiográfica alemã não deu destaque analítico para determinadas diferenças entre Platão e Sócrates, como a apresentada a partir da divulgação do chamado "problema socrático". Podemos notar que alguns historiadores ingleses, mesmo antes do texto de David Ross, começaram um movimento mais nítido de distinção entre Sócrates e Platão.

---

[67]. Para mais informações sobre o *elenkhós*, cf. SCOTT, G.A. (org.). *Does Socrates a method?* Pensilvânia: The Pennsylvania State University Press, 2002.

Ao olharmos a bibliografia do século XIX que, enfim, chegou ao século XX, podemos centrar a atenção em dois livros paradigmáticos: o do alemão Eduard Zeller (1814-1908), *Sokrates und die Sokratiker*, que em 1877 teve sua terceira edição traduzida para o inglês, e o do inglês George Grote (1794-1871), *Plato and the other companions of Sokrates*, de 1865.

Há várias diferenças entre esses dois clássicos, mas uma distinção que vingou no século XX foi a notada e desenvolvida por Vlastos: Grote havia indicado (ou mesmo criado) o *elenkhós* como o que representava bem a atividade de Sócrates nos diálogos. Zeller, no entanto, ficou mais próximo da interpretação que via no método socrático a "arte de parir ideias", a maiêutica:

> [...] Falando de modo mais acurado, sua [do diálogo socrático] natureza consiste no exame dos homens, tal como é descrito em *Apology*, ou fazer dar a luz, como ele é denominado no *Theætetus*; em outras palavras, o filósofo por meio de suas questões obriga outros a desvelar seus eus interiores diante dele [...][68].

Zeller não achou importante fazer distinções entre os textos platônicos *A defesa de Sócrates* e o

---

68. ZELLER, E. *Socrates and the socratic schools*. Londres: Longman/Green, 1877.

Teeteto. No primeiro, já para interpretar o Oráculo, Sócrates diz que levaria adiante a refutação de sua afirmação (daí a palavra *elenkhós*, que é, antes de tudo, refutação); no segundo, aparece a imagem da parteira do saber e o procedimento chamado "maiêutica" (*midwifery*). Este segundo diálogo é o que os historiadores contemporâneos da filosofia consideraram como não pertencente ao campo dos "primeiros diálogos" e, portanto, não afeito ao que seriam os "diálogos socráticos" propriamente ditos.

Ao longo do século XX várias correntes de helenistas foram catalogando a obra platônica, vendo suas etapas e características, e com isso foi possível esboçar o que poderia ser o "Sócrates histórico" – ou ao menos uma disputa sobre tal construção historiográfica desse personagem. Seguindo tal construção, atualmente, nós nos acostumamos com a tese do helenista inglês Myles Burnyeat, também defendida e ampliada por Gregory Vlastos, a respeito da maiêutica. O que diz tal tese?

Diz que a maiêutica ou toda a *midwifery* foi apenas uma invenção platônica, uma boa metáfora de Platão para, enfim, começar a introduzir uma forma de agir mais condizente com sua própria epistemologia. Vlastos vê o *Menon* como uma peça do "período intermediário" dos escritos platônicos, como também o *Teeteto*, que foi um texto posterior; aliás, o último do "período intermediário". O

Menon teria mostrado Sócrates, em grande parte, como um personagem de Platão que, enfim, já era o próprio Platão. Ali apareceu a Teoria da Reminiscência. Dali veio a célebre história de Sócrates como quem arrancou um conhecimento – o Teorema de Pitágoras – do menino escravo, que não tinha qualquer instrução. Até este diálogo, Sócrates nunca havia feito algo assim, isto é, usado de um procedimento derivado da Teoria da Reminiscência e, exatamente, para um assunto que nunca lhe interessou – geometria. Aliás, seu completo desinteresse pela matemática é o que Platão o fez declarar em *A defesa de Sócrates*. O interesse pela matemática era, sim, mais próprio de Platão.

No *Menon*, segundo essa visão de Burnyeat e Vlastos, Sócrates já é de fato Platão tentando construir sua própria filosofia. Platão só não teria desistido de colocar Sócrates como seu personagem, nas obras em que passou a expor sua própria filosofia, porque estaria querendo mostrar como o filosofar de seu mestre poderia ter uma continuidade. Que maior elogio poderia Platão prestar a Sócrates senão o de fazer sua própria filosofia se desdobrar como uma continuidade da de Sócrates, como se este estivesse vivendo uma segunda fase de seu próprio pensamento? Não seria nada estranho, diante da atual bibliografia sobre Sócrates, imaginar que Platão, em determinado momento de sua trajetória, já com Sócrates morto, quis inverter a situação entre mestre e discípulo: passou a colocar na boca de Sócrates o que ele deveria falar em uma hipotética "segunda fase". Ou seja, Platão fez de Sócrates seu discípulo – de modo a estender a vida de Sócrates para que ele pudesse completar sua filosofia (segundo o que Platão, é claro, entendia que ela deveria ser completada – e aqui nos aproximamos, novamente, da tese de Donald Davidson, da primeira lição). Não é necessário dizer que Platão sabia bem do seu valor, sabia o quanto ele estava dando passos de gigante e como poderia, sem aparentar presunção, colocar Sócrates como seu discípulo. No decorrer da história da filosofia, aliás, esse procedimento se tornou comum, ainda que não da forma literária de Platão.

O que fica claro, hoje, para os historiadores da filosofia, é que se há de se aceitar um método como sendo o de Sócrates, este é o *elenkhós*. Ele é o método de trabalho daquele que seria o "Sócrates histórico". O modo como Vlastos expõe esse procedimento socrático é muito interessante, pois ele o faz de maneira a distinguir o seu Sócrates daquele apresentado pelos livros clássicos anteriores, em especial o de Zeller e o de Grote, a quem ele considera como os dois grandes *scholars* do século XIX.

O *elenkhós* foi citado por Grote no século XIX e estudado e formalizado por Richard Robinson em seu livro *Plato's earlier dialectic* (que conseguiu uma segunda edição em 1953). Em 1983 Vlastos publicou "The socratic elenchus". Logo após a morte de Vlastos, Burnyeat publicou o livro *Socratic studies*, em que incluiu aquele artigo e um pós-escrito esclarecedor, tudo revisado por Vlastos, pois talvez ele realmente quisesse lançar um volume complementar ao seu belo livro *Socrates: Ironist and moral philosopher*, de 1991[69].

Nesse texto, "The socratic elenchus", Vlastos formaliza o *elenkhós* em quatro passos. Sabendo que o procedimento de Sócrates variava, ele tenta mostrar o que seria o procedimento padrão, o "*standard elenchus*". Sócrates está em diálogo e então resolve:

1) refutar um enunciado *p* proferido pelo seu interlocutor. Ele escolhe bem o que é *p*, de modo que o interlocutor saiba que é realmente de *p* que ele discorda, e é contra *p* que ele vai agir na conversação;

2) em seguida ele enuncia *q* e *r*, duas outras frases que expressam crenças claras, que ele não se preocupa em fundamentar, apenas em enunciar como o que acredita e o que considera

---

69. Para mais detalhes, o leitor pode consultar BENSON, H. *Essays on the philosophy of Socrates*. Nova York: Oxford University Press, 1992.

um saber, e pede a concordância do interlocutor para tais enunciados. Em geral o interlocutor concorda com *q* e *r*;

3) então Sócrates passa a mostrar que acreditar em *q* e *r* implica acreditar em não-*p*.

4) Assim, Sócrates diz, ao mostrar que não-*p* é verdadeiro, que então *p* é falso.

Vlastos não formaliza o *elenkhós* apenas por capricho. Ele assim age para poder mostrar onde discorda de Zeller e Grote. É isso que torna seu texto original e belo. Ele desenvolve seu texto contra Zeller no passo 2 e contra Grote no passo 4.

Notemos os passos.

O passo 2 é, pela sua própria enunciação, uma discordância frontal com Zeller, uma vez que este não percebe a existência do *elenkhós* e se mantém na crença de que o procedimento de Sócrates é a maiêutica. O passo 2, que é um dos passos mais claros nas sequências dos diálogos do "primeiro período" dos escritos platônicos, mostra que Sócrates busca afirmar *q* e *r* a partir do que ele próprio acredita, e não do que pensa o interlocutor. Portanto, a ideia da maiêutica, de que Sócrates faz as ideias virem do próprio interlocutor, sem trazer nada "de fora", não se sustenta.

O exemplo do *Menon*, onde o garoto escravo "deduz" o Teorema de Pitágoras sem ter instrução, parece funcionar como um elemento que nubla alguns intérpretes, e assim fez com Zeller. Além disso, na medida em que os leitores acreditam no que Sócrates fala no *Teeteto*, de que ele fazia parir ideias como sua mãe ajudava as mães a parir bebês, a tese do método da maiêutica fica mais fortemente plausível. As imagens do jovem escravo e do que está no *Teeteto* são alegorias fortes, típicas de um grande escritor, como de fato foi Platão. Elas conquistam a mente dos leitores de tal maneira que eles tendem a desconsiderar tudo aquilo que é menos imagético, e que está nos "primeiros diálogos", ou seja, a maneira como Sócrates elaborava sua argumentação, os passos do *elenkhós*. Todavia, quando se segue o que ocorre nos diálogos do "primeiro período", em que Sócrates é o personagem principal e onde há a coerência doutrinária do personagem Sócrates, pode-se notar que o passo de número 2 do *elenkhós* formalizado por Vlastos desmente a ideia básica da maiêutica. Ou seja, no passo 2, Sócrates traz elementos exteriores ao diálogo, os enunciados q e r – o que é proibido na maiêutica – em relação aos quais pedirá assentimento ao interlocutor, para depois ver se é possível ou não manter assentimento a q, r e p conjuntamente.

A divergência de Vlastos com Grote é de outra ordem. Grote toma o *elenkhós* como um processo exclusivamente de refutação, negativo. Sócrates não conseguiria nenhuma verdade a partir de seu método, e apenas criaria no interlocutor certa confusão e desestabilização.

Todavia, ao ler Platão mais atentamente e, então, formular os passos acima postos, Vlastos não consegue não admitir o último passo, que é nitidamente positivo. Sócrates, de fato, afirma que encontra a verdade a partir da refutação. Não encontra a verdade que corresponderia à definição que procura em cada diálogo, mas encontra não-p como o que pode afirmar, e então se acha gabaritado para afirmar p como falso. Vlastos diz que, se assim é, então há um problema a resolver não mais com Grote, e sim com o próprio Sócrates. Afinal, como Sócrates poderia afirmar a verdade de não-p e a falsidade de p? Pois, ao seguir os passos do *elenkhós*, podemos muito bem dizer: Ora, mas o interlocutor poderia simplesmente não ficar com q e r, uma vez que aceitar q e r implicaria ter de aceitar não-p e, então, se livrar de p. O interlocutor poderia, muito bem, resolver voltar atrás e abrir mão de concordar com q e r, pois aceitá-los colocaria p na berlinda.

Ora, a solução que Vlastos encontra é simples: Sócrates pode afirmar o que afirma uma vez que, caso o interlocutor viesse a abrir mão de q e r, ele poderia retomar o *elenkhós* – indefinidamente, em tese – e, no novo passo 2, propor não mais q e r, e sim s e t. O diálogo não precisaria ser encerrado como ele é encerrado em sua forma escrita, como ele está em Platão. O diálogo real, levado adiante por Sócrates, poderia ser bem mais complexo e, evidentemente, recursivo.

Conclusão

Sócrates é de longe o filósofo campeão de referências. Isso também vale para a nossa época. Os trabalhos acadêmicos do mundo moderno dedicados a ele superam em muito os que têm por objeto outro filósofo. Qual a razão desse sucesso?

Emil Cioran aposta que, em certo sentido, o êxito de Sócrates vem de seu *daimon*. "Se tivesse fornecido detalhes sobre a natureza de seu *daimon*, teria estragado boa parte de sua glória", diz Cioran. Agindo como agiu, Sócrates, segundo Cioran, se fez pai do racionalismo e, ao mesmo tempo, de modo desconcertante, alguém que podia admitir "ouvir vozes". Desconcertando-nos, ele nos agarrou. "Era o seu demônio um fenômeno puramente psicológico ou corresponde, pelo contrário, a uma realidade profunda?" "Foi de origem divina ou não respondia senão a uma exigência moral?" E Cioran continua: "Era certo que o ouvia ou se tratava só de uma alucinação? Hegel o tomou por um oráculo completamente subjetivo; Nietzsche, por um artifício de comediante"[70].

---

70. CIORAN, E. Habilidade de Sócrates. In: GHIRALDELLI JR., P. *Para ler Sloterdijk*. Rio de Janeiro: Via Vérita, 2017, p. 13.

Cioran se mostra curioso a respeito de como Sócrates conseguiu se manter, durante toda uma vida, como aquele homem que ouve vozes. Ele entende que não foi o desempenho de um papel fácil. No entanto, diz Cioran, tanto faz que tenha sido dominado pelo seu demônio ou que tenha usado dele apenas para as "necessidades da causa". "Se ele o inventou de cabo a rabo, é por que sem dúvida se viu obrigado, embora isso não tenha acontecido senão para tornar-se impenetrável para os outros". Talvez uma forma de resguardar-se. Afinal, pergunta Cioran, "que meio existe para distinguir um demônio real e um demônio inventado? Ou o segredo de uma aparência? Como saber se Sócrates divagava ou empregava sua astúcia?"[71]

Todas essas questões, Cioran as faz para lembrar que esse envolvimento de Sócrates a respeito de seu *daimon* é ainda a chave para o entendimento do ateniense à luz da história da filosofia. "Acaso não foi ele o primeiro pensador que se colocou como um caso?" "E não é com ele que começa o inextricável problema da sinceridade?"[72]

Essas observações de Cioran ganham espaço e importância na exata medida que ele expõe o que seria a questão socrática *par excellence*: não

---

71. Ibid.
72. Ibid., p. 14.

propriamente a verdade, mas a sinceridade. Um homem que ouve vozes coloca para todos que o cercam a necessidade de avaliá-lo em sua sinceridade. De fato, Sócrates elegeu a sinceridade como a pedra de toque de seus diálogos.

A condição básica de Sócrates para começar um diálogo era a sinceridade. Para começar uma investigação conjunta sobre se um enunciado valia a pena ser levado em conta a sério ou não, sua primeira exigência era a de que o interlocutor dissesse sinceramente que acreditava naquilo que estava afirmando. Admitido isso, então o interlocutor poderia falar e seria levado em consideração. Só então Sócrates começava o processo de diálogo investigativo conjunto.

Nesse processo conjunto, Sócrates acolhia a frase do interlocutor e, em seguida, fornecia outras frases. Perguntava se o interlocutor também acreditava nestas e, caso positivo, colocava as várias frases juntas para que o interlocutor dissesse se podia mantê-las todas, ou se elas se excluíam. Não raro, apesar de elas se excluírem, de parecer que uma desmentia as outras, o interlocutor as queria admitir juntas. Caía em uma situação paradoxal, em um impasse lógico. Via-se envolvido em uma aporia. Perguntava a Sócrates, então, qual seria a solução para o impasse. Sócrates, na máxima sinceridade, revelava que também ele estava no dorso da aporia.

O interlocutor se via desconcertado, e às vezes imaginava estar sendo enganado, outras vezes ficava com raiva de Sócrates por este caminhar de uma maneira a jogar a todos, e inclusive ele próprio, em um problema senão insolúvel ao menos sem resposta pelo momento.

Nem todos os interlocutores suportavam saber aquilo que Sócrates acabava sempre também sabendo, que estavam diante de uma ignorância com a qual não contavam. Estavam diante de uma maneira de dar sentido à conclusão de Sócrates que ele sabia que nada sabia. Ao menos sobre o saber que investigavam – as questões morais às quais Sócrates se dedicava – eles tinham de admitir a ignorância.

É estranhíssimo que um homem que se apresentava como quem ouvia vozes de um *daimon* exigisse, antes de tudo, dos que vinham conversar com ele, a sinceridade! A ironia socrática, tão famosa, era justamente um dos crivos para trabalhar com a sinceridade. Aliás, segundo o helenista Gregory Vlastos, a própria palavra "ironia", no sentido moderno[73] – o de afirmar algo que, uma vez posto, só revele sutilmente o significado contrário, que realmente é o significado que se quer por –, foi cunhada por Sócrates. A ironia é um modo de lidar com a

---

73. VLASTOS, G. *Socrates*: Ironist and moral philosopher. Nova York: Cornell University Press, 1991, cap. 1.

sinceridade, é uma maneira capciosa de ser sincero. Um interlocutor inteligente logo percebe isso.

A investigação em geral nada era senão o trabalho de envolvimento do enunciado em uma teia lógica, seguindo um curso de refutação em refutação. A referência, a cada frase, era a sinceridade do interlocutor, e também a de Sócrates, no sentido de não continuarem a investigação se um dos dois não pudesse se dizer crédulo nas frases assumidas. O método do *elenkhós*, ou seja, o método da refutação, sempre exigiu dos participantes a convicção sobre cada enunciado.

Assim, na perspicaz observação de Cioran sobre Sócrates, o tema da sinceridade aparece como central junto de uma prática que nem sempre vingou entre os filósofos, nem mesmo entre os gregos que, enfim, ficaram conhecidos como os que buscaram antes levar uma vida filosófica do que serem propriamente professores de filosofia. Repito Cioran, devido à importância da questão: "Acaso não foi ele o primeiro pensador que se colocou como um caso?"

Sócrates não saiu pelas ruas de Atenas investigando outros por conta desses outros, mas por conta de si mesmo. Se, depois, percebeu que nessa sua peregrinação filosófica nada havia senão a missão do deus do templo, para que ele, investigando como fez, se tornasse uma espécie de admoestador maior de Atenas, livrando-a do pecado da *hybris*, isso não desfaz a observação de Cioran. Sócrates foi o primeiro e, de certo modo, o mais notável filósofo que se fez ele próprio um caso filosófico. Ele se colocou em questão. Por isso mesmo sua atividade como devoto do deus do templo se fez completamente coadunável com seu engajamento filosófico. Nenhum outro pensador que não tivesse a mais completa devoção para com a tradição divina que o cercava iria levar tão a sério os dizeres do Oráculo. Sócrates assim o fez. Quis de fato conhecer-se. Queria saber se, na atividade social dos cidadãos atenienses, ele ocupava ou não o lugar que o Oráculo havia lhe confiado. Como ele que, não sendo sábio – como ele assim entendia –, podia ser posto na condição de o mais sábio pela pitonisa? Por que o deus do templo havia falado o que falou *dele*?

Platão também seguiu uma vida filosófica e procurou ser sábio e justo. Mas sua obra filosófica não diz respeito a essa preocupação consigo mesmo, e sim com a metafísica necessária para bancar os fundamentos da cidade justa. Aristóteles também seguiu uma vida filosófica e procurou ser sábio e justo. Mas sua obra filosófica é, em grande parte, uma resposta a Platão, à metafísica platônica das Formas. Pode-se imaginar que os filósofos do chamado "período helenista" se dedicaram quase que exclusivamente ao cuidado de si mesmos, vendo nisso a atividade filosófica *par excellence*. Mas não se punham em questão. Formulavam preceitos próprios para viver bem. Não se punham, eles mesmos, como casos filosóficos. Nesse sentido Sócrates foi único. Nesse sentido Sócrates se mostrou como o *átopos*. O que parece vir de lugar algum, o estrangeiro que é tão estranho que não se pode dizer de que lugar estranho veio. Nesse sentido Sócrates não foi um filósofo diferente, e sim singular.

COLEÇÃO 10 LIÇÕES

– *10 lições sobre Kant*
  Flamarion Tavares Leite
– *10 lições sobre Marx*
  Fernando Magalhães
– *10 lições sobre Maquiavel*
  Vinícius Soares de Campos Barros
– *10 lições sobre Bodin*
  Alberto Ribeiro G. de Barros
– *10 lições sobre Hegel*
  Deyve Redyson
– *10 lições sobre Schopenhauer*
  Fernando J.S. Monteiro
– *10 lições sobre Santo Agostinho*
  Marcos Roberto Nunes Costa
– *10 lições sobre Foucault*
  André Constantino Yazbek
– *10 lições sobre Rousseau*
  Rômulo de Araújo Lima
– *10 lições sobre Hannah Arendt*
  Luciano Oliveira
– *10 lições sobre Hume*
  Marconi Pequeno
– *10 lições sobre Carl Schmitt*
  Agassiz Almeida Filho
– *10 lições sobre Hobbes*
  Fernando Magalhães
– *10 lições sobre Heidegger*
  Roberto S. Kahlmeyer-Mertens
– *10 lições sobre Walter Benjamin*
  Renato Franco
– *10 lições sobre Adorno*
  Antonio Zuin, Bruno Pucci e Luiz Nabuco Lastoria
– *10 lições sobre Leibniz*
  André Chagas
– *10 lições sobre Max Weber*
  Luciano Albino
– *10 lições sobre Bobbio*
  Giuseppe Tosi

- *10 lições sobre Luhmann*
  Artur Stamford da Silva
- *10 lições sobre Fichte*
  Danilo Vaz-Curado R.M. Costa
- *10 lições sobre Gadamer*
  Roberto S. Kahlmeyer-Mertens
- *10 lições sobre Horkheimer*
  Ari Fernando Maia, Divino José da Silva e Sinésio Ferraz Bueno
- *10 lições sobre Wittgenstein*
  Gerson Francisco de Arruda Júnior
- *10 lições sobre Nietzsche*
  João Evangelista Tude de Melo Neto
- *10 lições sobre Pascal*
  Ricardo Vinícius Ibañez Mantovani
- *10 lições sobre Sloterdijk*
  Paulo Ghiraldelli Júnior
- *10 lições sobre Bourdieu*
  José Marciano Monteiro
- *10 lições sobre Merleau-Ponty*
  Iraquitan de Oliveira Caminha
- *10 lições sobre Rawls*
  Newton de Oliveira Lima
- *10 lições sobre Sócrates*
  Paulo Ghiraldelli Júnior
- *10 lições sobre Scheler*
  Roberto S. Kahlmeyer-Mertens
- *10 lições sobre Kierkegaard*
  Jonas Roos
- *10 lições sobre Goffman*
  Luís Mauro Sá Martino
- *10 lições sobre Norbert Elias*
  Andréa Borges Leão e Tatiana Landini

Conecte-se conosco:

- **f** facebook.com/editoravozes
- **◎** @editoravozes
- **🐦** @editora_vozes
- **▶** youtube.com/editoravozes
- **🟢** +55 24 2233-9033

www.vozes.com.br

Conheça nossas lojas:

www.livrariavozes.com.br

Belo Horizonte – Brasília – Campinas – Cuiabá – Curitiba
Fortaleza – Juiz de Fora – Petrópolis – Recife – São Paulo

EDITORA VOZES LTDA.
Rua Frei Luís, 100 – Centro – Cep 25689-900 – Petrópolis, RJ
Tel.: (24) 2233-9000 – E-mail: vendas@vozes.com.br